奋斗在职场

—— 职场成就的四级台阶

胡斌　肥猫 编著

图书在版编目（CIP）数据

奋斗在职场：职场成就的四级台阶／胡斌，肥猫编著.—北京：
北京大学出版社，2010.1
（东方燕园经管书系）
ISBN 978-7-301-16265-1

I.奋… Ⅱ.①胡…②肥… Ⅲ.职业选择－通俗读物 Ⅳ.C913.2-49

中国版本图书馆CIP数据核字（2009）第206898号

书　　　名：	奋斗在职场——职场成就的四级台阶
著作责任者：	胡　斌　肥　猫　编著
责 任 编 辑：	陈　莉
标 准 书 号：	ISBN 978-7-301-16265-1／F·2335
出 版 发 行：	北京大学出版社
地　　　址：	北京市海淀区成府路205号　100871
网　　　址：	http://www.pup.cn　电子信箱：pw@pup.pku.edu.cn
电　　　话：	邮购部 62752015　发行部 62750672　编辑部 62750112
	出版部 62754962
印　刷　者：	北京凯达印务有限公司
经　销　者：	新华书店
	710毫米×1000毫米　24开本　9.25印张　104千字
	2010年1月第1版　2010年1月第1次印刷
定　　　价：	24.00元

未经许可，不得以任何方式复制或抄袭本书之部分或全部内容。
版权所有，侵权必究
举报电话：010-62752024
电子信箱：fd@pup.pku.edu.cn

序

职场,犹如深不见底的江湖,危机暗藏,十面埋伏。人在江湖,咬着牙挡箭挨刀几乎可以说是本分,疼了,大不了呻吟几声、抱怨几句,顶多卷起铺盖另投别的帮派门下。除此之外,又能如何?

也许大多数初入职场的人,甚至一些在职场混了不少年头的人,都或多或少怀有类似的抑郁和无奈。

但是,一个爱看电影的资深职业人告诉我们:身在职场,还有更好的活法!这个人的名字,叫做"影得"。

电影,看不尽的俊男靓女,说不完的跌宕起伏,大多时候是不折不扣的让人轻松愉快的东西。但除此之外,有些电影中还蕴含着现实生活的发展规律以及险恶江湖的游戏准则,让人深思。找到了,悟透了,它们便是你的能量和智慧,帮你走得更远、更潇洒、也更精彩。而且,和传说中的武功秘籍、神兵利器相比,电影简单得多,有趣得多,成本也低廉得多。

用电影来参悟职场规则,给身在职场的人们切实有效的指引，这是"影得"所做的事情，也是本书要做的事情。

有人可能会质疑："这么说也太玄了吧？"

好，那么咱们就换个更实在一点、也更直观一点的说法。

本书是帮助在职场中遇到困惑的员工，换一个角度——从组织视角审视这片江湖，弄明白以下几个问题：

 想不想到江湖闯荡？

工作往往不是想不想的问题，是不得不的问题！

 江湖险不险恶？

职场多风雨，组织不可靠？那是因为不了解组织的规则！

 赢在江湖容不容易？

笑傲江湖只是梦？那是因为没有修炼出手中和心中的宝剑！

几万字的一本书，不用一小时就能轻松读完。它却能为你打开一扇奇妙的窗子，让你从另一个角度审视职场，揭示种种让人崩溃的烦恼背后潜藏的症结，帮你找到在职场实现自我成就的不二法门。而你所要做的，只是敞开你的心扉，让书中的灵感和思想流淌到你的生活和工作之中。仅此而已。

对我而言，"影得"先生的这个独特创意，是非常珍贵而值得感激的。也由衷希望更多的人像我一样，在这本书中，在这种有趣的学习方式中，找到实现自我、成就自我的重要感悟。

目录

江湖告急 /1
——一个职场新人的E-Mail

影得先生推荐的五部影片 /7

第一篇　职场与我 /19
　　——正视江湖，让奋斗更有效率！

江湖并不险恶，只要了解了规则，
每个人都可以以自己的方式赢在江湖！

第二篇　要求之阶 /49
　　——积极响应组织四大要求的修炼

不理解组织要求的奋斗是盲目的！
没有四大支撑的奋斗是弱不禁风的！

第三篇　职业之阶　　　　　　　　　/81
——职业化就是工作中要秉承四种精神

职业化就是干事有干事的样子！

职业化就是坚守职业道德！

第四篇　影响之阶　　　　　　　　　/117
——从被忽视到被尊重

你不喜欢我，首先是我的错！

知己知彼，百战百胜！

第五篇　成就之阶　　　　　　　　　/165
——寻求幸运和幸福的路径

每个人都是自己的英雄！

每个人都有可能成为幸运儿！

江湖告急
——一个职场新人的E-MAIL

肥猫，职场新人，像许多刚出校门不久的年轻人一样，有理想、有激情、有个性。顺境时用"努力学习"自我激励、逆境时用"积累经验"自我安慰；愿意为理想中的"明天"熬夜加班，用休息时间考一堆证证本本并引以为豪；喜欢把领导当成慈父兄长，坚持在职场中贯彻团结友爱法则，乐于伙同同事在背后拿老板的缺点开心；总是在发工资的时候抱怨薪酬低得离谱……

从一所名牌大学的最好专业毕业后，两年时间，肥猫以马拉松速度换了四份工作。混过堪称样板的事业单位，呆过发育良好的民营企业，也干过经纬分明的跨国公司。但都是干满半年就辞职，无一例外。

别以为传说中的"跳槽"是意气风发的。至少，肥猫的实践经验是：跳是跳了，郁闷还依旧郁闷着。

为什么最棒的老板似乎永远是下一位？为什么最对路的工作似乎永远是下一份？为什么最称心的团队似乎永远是下一个……

以"病假"为由窝在家里将近一个礼拜之后，肥猫发出了一份E-mail。收信人是影得先生,一家公司的领导力提升项目培训师,肥猫的前任上级。

"影得"不是他的真名,因为他上课喜欢用电影剪辑,所以大家给他送了这个雅号,他自己也觉得非常受用。影得先生和肥猫见过的其他领导不同,没什么架子,和他聊天很放松。更重要的是,他不是那种背景很好或者天资很高的人,但他从一名普通员工做到了经理,然后又选择单干,不到40岁已经赚得了数百万元的财富,实现了财务自由。

有时候肥猫不禁会想,要是自己40岁时也能像他那样,就知足了。

E-mail的大致内容是这样的：

收件人	影得先生
主题	救救我
正文	

坦率地讲，最近确实有点低迷。自去年从XX出来之后，一直不是很顺利。后来到了XX，本来是想，在一个还算知名的国内IT企业里做几年，储备和积淀一下，增值和提升是顺其自然的事情。XX本身有些地方还是挺可爱的。但是没有想到自己去的这个部门，又不太理想。

在工作这些长时间之后，我的感受是：直接上级和工作内容是影响个人工作是否愉快的主要因素，而这二者，又是相连的。

我目前的直接上级，比较强势、不太尊重团队成员，而且个人在管理上厚度不够，缺乏应有的包容和接纳。举例来讲，在和他一起去见总经理的时候，你可以很明显的感觉到他并不尊重你，你在他眼里不过是他分配的一项工作。其实这是一种很失败的管理。

同样的，在工作内容上，其实所有的团队同事都讲，目前所做的工作，真是不应该招我们这一类工作上已有自己的价值观而且有想法、又有一定激情的人。因为目前所做的工作，杂乱、琐碎、重复、主动权又很小；而且在我们需要支持的时候，也没有鼓励、体谅和正确的分配。最近我疯狂地加班，可是却越来越觉得自己什么都不是。这种感觉真的很不好。

我真的很想有稳定的工作，愉快、平等、聪明的增值。ＸＸ集团内部的员工发展与培训方面，问过了，在春节之前，没有什么空缺。而且在内部换工作，也需要原来上级的良好评价和同意。而在我目前的状态和他的管理意识下，我不认为他会给我良好的评价。最关键的，我在这儿工作，很累，又什么都学不到，而且是在疯狂的高压下，拼命、琐碎、被动地持续工作，不知道未来究竟会怎样。

反复考虑之后，还是决定重新选择自己合适的工作。

其实我的要求很简单，我希望可以在一个愉快、氛围良好、有一定发挥空间、可以让我感到我的价值的环境里发展。来到北京后比较累，我希望在两年中有所积淀。

简历发给你，请帮忙留意或推荐合适的职位。

1、好的上级

2、一定的薪水范围（最低6000元以上）

3、工作可以让我有一定的发挥并且持续进步

江湖告急

　　还有你那边的主管职位，不知道你们是什么样的考虑，你们已经找了很久，似乎不是很急需。大家都是熟人，我的情况和能力你也了解，一般的主管工作我目前是完全能胜任的，而且我有我的优势。不知道可否沟通。

　　1、薪水至少是5000元，无试用期。

　　2、工作内容除了培训，希望还可以同时做招聘或激励，因为培训的成果短期内显现不出来，同时，我个人也希望多尝试各方面的工作，我目前也在做别的方面的工作。

　　3、工作愉快，可以有进步和增值。

肥猫自知这样的E-mail多少有点"病急乱投医"。所以,发了也就发了,没抱太大希望。

没想到的是,两天后,"影得先生"打来了电话,语气悠然平和一如往昔。他约肥猫下周六见面谈谈,还特别提到了五部影片和剧集,要肥猫在见面前,务必先找来看看。

于是,便有了本书要讲述的这个故事。

影得先生推荐的

五部影片

影得先生推荐的五部影片

《喜剧之王》

(*King of Comedy* 中国香港 1999年)

本片一直被媒体评价为"星爷个人奋斗史的浓缩传奇版"。其中的诸多桥段，后来都被奉为经典。

帅哥尹天仇醉心戏剧表演，自认才华横溢却始终不得志，从未放弃找寻机会。舞小姐柳飘飘在偶然得到天仇的指导后，竟然成为夜总会第一红牌，感激惊讶之余，和天仇渐生情愫。

在经历了无数拒绝和白眼的磨炼后，天仇的"专业"特质终于得到大明星杜鹃儿青睐，被提拔为新片的男主角，并且杜鹃儿也对天仇产生了感情。柳飘飘回来找天仇表白，刚好被杜鹃儿撞了个正着。于是，"左拥右抱"就成了不折不扣的灾难。当新片一切就绪时，天仇却临时被换角。从云端径直跌到谷底，他心碎不已，但也无可奈何。

在片厂当场务的卧底警察找天仇协助破案。天仇以送外卖的身份前往案犯住处，却阴错阳差被对方识破身份，万分危急之中天仇下意识举枪自卫，竟然一举歼灭敌人。

一切回归平静之后，天仇在街坊福利会进行戏剧表演，这次来观赏的观众竟是人山人海。柳飘飘脱离风尘担纲主演，连杜鹃儿亦前来助阵。就像现实中的星爷一样，尹天仇最后总算是守得云开见月明了。

《穿普拉达的恶魔》

影得先生推荐的五部影片

(*The Devil Wears Prada*　美国　2006年)

安迪，初出大学校门，拥有一个传媒人的宏伟梦想、一份非常精彩的简历和一个愤青男友。穿6码的衣服（标准身材是2码），把压箱底的行头穿出来，站在人群中依然土得掉渣。就是这样一位神仙姐姐，却敢去应聘世界顶尖时尚杂志RUNAWAY的总编助理！居然还通过了！

然而，接下来的事实证明：天上不会轻易掉馅饼，要掉也是掉铁饼。安迪的老板米兰达，这个穿着普拉达的优雅女人，实在是个不折不扣的恶魔！为老板接送孩子、买饭、买咖啡，去未知的某古董店找未知的某梳妆台，在暴风雨之夜要为老板弄到一架飞机，弄到《哈利·波特》还未出版的手稿……安迪发现自己变成了一台24小时接电话的工作机器，不管米兰达的公事还是私事，不管是不是在人类能力范围内，她都要随时候命随时办到。

父亲的担忧、男友的愤怒、朋友的不解、同事的嘲笑……终于，长期的压力让安迪崩溃了。她痛哭着找前辈抱怨倾诉，却意外地被告知了所有问题的症结。

安迪彻底改变了，因此得到了米兰达的赏识和重用。但是，当安迪荣升为第一助理，在这让所有女孩因之疯狂的职位上顺风顺水时，一件事情让她做了惊人的决定：炒老板。

《功夫熊猫》

影得先生推荐的五部影片

(*Kung Fu Panda*　美国　2006年)

阿宝，和平谷里一只又肥又懒又馋又笨的熊猫，却偏偏有个当大侠的梦。当然他自己也知道，只是梦而已。阿宝的老爸已经帮他确定了人生轨迹：继承祖传的面馆，然后开它十几家分店。

乌龟大师预感到，大恶魔雪豹太郎将于近日越狱，给和平谷再度带来灾难。于是，浣熊师傅召开武林大会，打算从自己的五个得意弟子——虎侠、猴侠、鹤侠、蛇侠和螳螂侠中，甄选出一个神龙斗士来对抗太郎。整个和平谷的人都去看热闹，除了阿宝。这倒霉蛋爬完几千级台阶到达赛场的时候，大门"哐当"关上了。等人家五侠比试完了，抓狂的阿宝坐着绑满爆竹的飞椅栽进会场，竟被乌龟大师指定为神龙斗士的唯一人选，成为和平谷武侠史上第一位空降兵。

第二天，阿宝受到了浣熊师傅和五侠的"盛情款待"。数不清的刀枪剑戟拳打脚踢，排山倒海似的往身上招呼，间杂着数以万计的鄙视、嘲弄和白眼。浣熊师傅撂下狠话："要是天亮时，那肥熊猫还不自己滚蛋，就算我对不起大家！"

但是，阿宝没有走。不仅如此，他还在包子、饼干、神龙卷轴和老爸秘方的激励下，习得了一身绝技，打败了武学天才太郎，实现了重塑和平的终极理想。

影得先生推荐的五部影片

《士兵突击》

(*Soldier Sortie*　中国　2007年)

15

一群兵的成长故事。

主人公许三多，一个公认的傻子。在村里被人叫"许三呆"，在草原五班是著名的"许木木"，一进钢七连就被定性为"孬兵"，特种兵老A给他起的外号更加精辟——"完毕"！

为了不再被爹叫做"龟儿子"，许三多来到军营，结果被发配到"孬兵的天堂"——草原五班；为了排遣空虚寂寞，他先用整理内务的方式整顿了同班战友，又独立修完了当年30个人都没修好的路；被团长推荐到钢七连，不仅不招连长待见，还成了全班的累赘，但是从那333个腹部绕杠开始，他逐渐走上了辉煌的"兵王"之路……

"我认识一个人。他每做一件小事的时候，都像救命稻草一样抓着。有一天我一看，嚯！好家伙，他抱着的是已经让我仰望的参天大树了。"钢七连连长如是说。

除许三多之外，还有其他形形色色的兵：聪明功利的成才、单纯执拗的马小帅、火暴幽默的高城、狡黠敏锐的袁朗……每个兵都有自己的方向、自己的路，条条大路通罗马。

《奋斗》

(*Struggle* 中国 2006年)

陆涛是一个初出校门、奋发有志的年轻人。最大的优势是富有梦想，最大的劣势是只有梦想。

与众不同的是，陆涛有两个爸爸。一个是家庭完整却一生平庸的继父，传说中的那个穷爸爸；另一个是功成名就却孤苦一人的生父，传说中的那个富爸爸。于是，陆涛发现了两条截然不同的生活道路。

同时，陆涛还有两个恋人。一个是痴情的富豪千金，全身心地爱他；另一个是独立的平民女孩，美丽坚强而富有主见。于是，他又拥有了两种迥然不同的情感体验。

不幸的预言总是出奇的准确。走出校门，一切都和原来变得大不相同。陆涛和他的同学朋友们，都在拼命追逐着自己的理想，现实却总是把他们推向另外一个方向。于是，生活成了一场角力，最终谁会输谁会赢，眼下谁也不敢打包票。

但好在，他们还有一种最可贵的精神不曾失落，那就是，不停地奋斗！

第一篇　职场与我

正视江湖，让奋斗更有效率！

江湖并不险恶，只要了解了规则，
每个人都可以以自己的方式赢在江湖！

【三大观点】

观点一：先就业，再职业，再事业。最怕的就是失业。
　　　　你有没有颠倒顺序思考或做事？

观点二：江湖并不险恶，只要你了解了江湖规则！
　　　　组织眼中有四种人才，你是哪一种？

观点三：每个人都可以以自己的方式赢在江湖。
　　　　你"成"吗？你是如何规划自己的"成"的？

【关键词】

最佳雇主　　愉快工作　　核心人才　　四种成就　　四个问题

周六上午,肥猫如约来见影得先生。

"你迟到了,肥猫。"一见面,影得先生就很不客气地说。

肥猫看看表,九点三十八分,比约定的时间晚了八分钟。

"真的很抱歉!"肥猫一边气喘吁吁地道歉,一边把一大袋文件放到影得先生面前,"我赶着打印这些简历和资料,结果半路卡纸了,耽误了很多时间,实在是不好意思!请您见谅!"

"简历和资料?为什么要准备这些?"影得先生故意问道。

"您不是要帮我找一份新工作吗?我想可能用得着。"肥猫理所当然地回答。

影得先生笑笑说:"你的E-mail我看了。其实你的情况我也比较了解。如果没记错的话,现在的工作是你的第四份工作了吧?"

"是的。没想到您还记得。"

"从那封E-mail来看,你最近工作不太顺心,碰到了什么难处吗?"影得先生问。

"简直是糟透了!"一提起这个,肥猫的脸色刷地灰暗下来,"上级很专制又很暴躁,我做的工作很琐碎又很低级。尤其是最近,压力越来越大,疯狂加班,却觉得一点儿盼头也没有。学不到任何东西,找不到自己的方向,看不到发展的前途。总之一句话:根本没有一个地方是让人感觉顺心的!"

影得先生静静地听完肥猫的抱怨，思索了一会儿，沉静地说："你的状况我大概明白了。我想，现在你需要的，不是一份新工作，而是一个全新的自己。"

"您是说，所有的问题，都出在我自己身上？不是这么残酷吧……"肥猫睁大了眼睛。

"我的意思是，有些关于职场的东西，你似乎还没有弄懂。"影得先生温和地说。

"关于职场的东西……您指的是什么？"肥猫问。

"事实上，职场的规则有很多。你只有弄明白了这些规则，才可能真正在职场生存下来，否则，恐怕换再多工作也是白搭。"影得先生很诚恳地说。

肥猫低下头沉默着，内心似乎有点儿挣扎。"您愿意教我这些规则吗？"过了一会儿，肥猫抬起头看向影得先生，很认真地问。

"我很乐意帮助你，不过有两个条件。第一，我会分五次给你讲清楚这些规则，在听完前两次之前，希望你先不要考虑换工作的事情。第二，如果你听了这些，觉得有所帮助的话，请把它们转达给更多的人，更多像你一样需要了解它们的人。"

"谢谢您！我一定做到！"肥猫回答得很高兴。

"好。"影得先生满意地点点头，"今天就算做是第一次。

我们先从一部片子说起吧。"

影得先生打开事先准备好的手提电脑,从中调出一段视频,这是节选自剧集《奋斗》的一个片段。

大学毕业典礼上,王老师和她的学生们告别。她说了所有老师在这种情形下都会说的话:"几年之后,当你们在社会上撞得头破血流的时候,校庆时你们再回来聊一聊,看看他们有没有老师的善意。"

为她的学生们祝福之后,王老师有点激动地走下讲台。

突然,台下的同学全体起立。在王老师惊讶的注视下,无数声音整齐划一地喊出这样一番话:"王老师,请留步!我们很舍不得您,非常非常舍不得您!但是,我们必须告诉您:我们必须离开您!我们必须去工作,去谈恋爱,去奋斗!这件事十万火急,我们一天也不能等!请您接受我们离开前最后的问候。"

看着一张张年轻而生动的脸,王老师哽咽了。

"肥猫,你还记得在走出大学校门的时候,你认为最迫切的事情是什么吗?"影得先生按下暂停键,抛出一个似乎有点不着边际的问题。

"找份好工作。"肥猫想也不想,张口就答。

"那在你看来,什么是好工作呢?"

"好工作就是能施展所学、有发展前途、符合个人目标、收入高……诸如此类的工作。所有人都是这么想的吧?"肥猫被问得有点不知所以。

影得先生点点头:"和我预期的回答差不多。事实上,很多大学生在被问到这个问题的时候,给出的回答都跟你差不多。"

2007年《第五届中国大学生最佳雇主调查报告》
- "培训和发展机会" 61.6%
- "企业的知名度和影响力" 55.1%
- "有竞争力的薪酬福利" 53.8%
- "工作条件与环境"、"用人理念"和"晋升的空间" 30%。

影得先生微微一笑,接着追问:"好吧,按照你的说法,这样的雇主才是好雇主,这样的工作才是好工作。那现在请你想想，在你的同学当中，真正一毕业就找到这样的好工作的，有多少？"

"没有多少，准确地说是基本没有……您也知道，现在拿着好文凭的人满大街都是。恨不得随便哪栋楼上掉下个花盆儿，都能砸倒两三个大学生。"肥猫长叹一声，满脸的苦大仇深。

"根据你的亲身感触，我是不是可以这样理解——一个没什么背景的普通毕业生，想要一出大学校门就找到一份所谓的好工作，是一件概率很低的事情？"影得先生又问。

"可是，这样想也太悲观了吧。既然这是一个美好的愿望，那我们就应该去努力。更何况，第一份工作是职业生涯的开始，总不能太马虎……再说，对每个人而言，得到的是不是一份好工作，还要考虑他的主观感受。而感受这个东西是很难量化的。也许别人看来惨无人道、令人发指的工作，有人乐在其中、欲罢不能呢，这样的例子不是也挺多的吗？"肥猫显然不赞同。

影得先生笑眯眯地说："你的意见很有道理。但是有一点，员工工作时的主观感受，其实在某种程度上是可以量化的。比如，我手头就有这样一份试卷。"

影得先生递过一张印满了字的A4纸。还没等接过来，肥猫就一眼注意到了粗体的大标题——"影响工作愉悦程度的12个问题"。

第一篇 职场与我

影响工作愉悦程度的12个问题

Q1：我知道对我工作的要求。

Q2：我有做好我的工作所需要的资料和设备。

Q3：在工作中，我每天都有机会做我最擅长做的事。

Q4：在过去的七天里，我因工作出色而受到表扬。

Q5：我觉得我的主管或同事关心我的个人情况。

Q6：工作单位有人鼓励我发展。

Q7：在工作中，我觉得我的意见受到重视。

Q8：公司的使命/目标使我觉得我的工作重要。

Q9：我的同事们致力于高质量的工作。

Q10：我在工作单位有要好的朋友。

Q11：在过去的六个月内，工作单位有人和我谈及我的进步。

Q12：在过去一年里，我在工作中有机会学习和成长。

答题方法：

认真阅读每一道题，如果这道题和你自己的实际情况高度相符，就得5分，比较相符，得4分，以此类推，5分、4分、3分、2分，最低分数为1分。

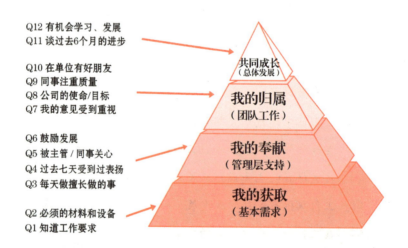

影得先生解释说:"就像图上所显示的那样,这12道题可以按照金字塔的结构框架分成四层,每层依次表示'我的获取'、'我的奉献'、'我的归属'和'共同成长'这四个不同含义。通过解析这12道题,可以看出你是否处于激情和敬业的工作状态中。换句话说,可以看出你工作得是不是快乐……根据我所掌握的情况,很多知名大公司的员工都做过这12道题,但累计得分超过40的不多见。"

"您的意思是说……即使在知名的大公司,真正能够快乐工作的员工也不多?"肥猫有些疑惑地问。

影得先生笑着摇摇头："这么说就有点极端了。其实，你之所以会有这种感觉，是因为你和公司在看这个问题时的侧重点有所不同……肥猫，在这12个问题构成的金字塔中，你最看重的是哪一层？"

"应该说都很重要。但是对于我个人而言，会更重视表示发展空间的第四层，也就是第11题和第12题。"肥猫想了想，又补充说，"在现在这种快速流动的就业大形势下，很少有人会为某个公司服务一辈子。既然注定是要一拍两散的，作为一名员工，当然会更看重公司能给我什么。和奖金、表扬之类的比起来，我更在乎能力、资历和经验的积累，所以，我会希望公司能关注我的个人发展，给我提供学习和提升的机会和空间……我觉得，大多数初入职场的新人，应该也都是这么想的吧。"

"嗯，你说的很实在也很有道理，但是要给你的公司领导听了，他们可能未必会赞同。"影得先生笑着说，"站在公司的立场，管理者会更看重组成金字塔基座部分的前六道题，其中尤其以前两道题最为重要。道理很简单，因为这些都直接关系着员工为公司服务的质量，对员工工作绩效的影响最为明显……事实上，我们通常会告诉管理者一个合理的分数段分布——第1题和第2题要让员工扎扎实实地得高分，第3题到第6题要努力让员工得高分，剩下的几个问题稍微放松一下，问题也不大。"

影得先生接着说:"肥猫,我之所以给你讲这些,是想要说明一个问题。每个人都希望实现自己的'职业理想',但这绝对不是一蹴而就的事情,更不是单凭找到份好工作就能达成的。所以,正确的职业观念应该是'先就业,再职业,再事业',最怕的就是失业。"

"我不明白。不都说'就业是职业的开始'吗?如果没有一份好工作,也就意味着没有施展自己的平台,怎么可能实现'职业理想'?"肥猫有点不服气地反问。

"你会这么认为,是因为你还没真正了解'就业'、'职业'和'事业'的含义。"影得先生笑眯眯地说,"所谓'就业',就是指找工作。'先就业'就是要赶紧找一份工作,实现经济独立,无论如何不要再让父母养活自己。如果一个人22岁以后还让父母养活,那绝对是莫大的耻辱!……至于'职业',是你一辈子想做的事情。只有先做到养活自己,才有权利、有条件去做自己想做的事情。所以,'职业'必然是在'就业'之后……'事业',就是聚集一群职业的人把事情做大,它是排在最后的。"

奋斗在职场

> **小贴士** 先就业，再职业，再事业。最怕的就是失业。

- "先就业"就是赶紧找一份工作，不要再让父母养活自己。
- "再职业"就是选择做一辈子想做的事情。
- "再事业"就是聚集一群职业的人把事情做大。

肥猫沉默了一会儿,又问:"按照您说的,我现在确实能够养活自己,但根本没有机会做自己喜欢的事情。这是不是就意味着,我的职业情况挺失败的?"

影得先生没有直接回答,而是调出了《奋斗》中的另一个片段,神秘地说:"先看看这个片子吧,你一定会觉得特别有共鸣。"

刚刚毕业的陆涛,很快被一家公司录用。上班第一天老总的一席话,使他那稚嫩的心灵翻起阵阵幸福的涟漪——在总部培训一周后,马上去国外担任监理。

新人一上班就能出国?还监理?太棒了!美国还是欧洲?

但是老总的回答,让陆涛立马从天堂栽进地狱:都不是,是自然风光无比秀美的非洲。至于那所谓的"监理工作",说白了就是盯着人干活儿。找个木头桩子抠出俩眼眶往那一戳,基本上也能达到同样效果。

老总看出陆涛心里有点儿不乐意,旁敲侧击、指桑骂槐地说:"前一段我们找了个北外的毕业生,结果让我打发回去了。专业不对口不说,还跟我们提了一堆这样那样的条件。他以为他是谁啊?……年轻人,就是要到最艰苦的地方去锻炼锻炼,才能够成长啊!"

就在陆涛还因为"非洲"问题而闷闷不乐的时候,一个电话让他兴奋地跳了起来。最牛的建筑设计公司cooper把他录取了!在车来车往的街头，陆涛忘我地飞奔，恨不得把这个好消息告诉每一个人。但好景不长，在cooper上班没几天，陆涛又换回了那张苦瓜脸。"凭什么别人都设计写字楼和商务住宅，而我就只能设计报亭和公共厕所？！"他也只能凄凉地跟女朋友抱怨抱怨了。

此情此景，除了安慰，女朋友还能说什么？"陆涛，你是最棒的！""陆涛，咱应该这么想。我这么年轻我怕谁？别让我逮着机会，不然我就……"

"你应该给我们领导写封信，把这些都写到上面，让他们也防着我点儿！"陆涛点点头，几乎是咬着后槽牙说出这几句话。

"怎么样？深有同感吧？"影得先生眯起眼睛一脸坏笑，"你知道吗，好多职场新人都跟我说过类似的话——我们不快乐，我们很不快乐！除了不得志，还是不得志！！"

"可是，这确实是事实啊。"肥猫嘟囔着说。

"这可不能一概而论。"影得先生摇摇头，端起咖啡喝了一口，"新人大多被安排去做最基础最单调的工作，这是事实。但新人自我感觉不得志，可不见得就是公司的问题了，也许，这只是个人心态没有调整好。"

"您的意思是，我们做着端茶、倒水、打字、复印这种低级工作，觉得不得志，还是我们自己心态有问题？"肥猫一听这话，稍微有点不高兴了。

"先别激动。"影得先生依旧不紧不慢地说，"你知道，老板眼里的最佳雇员是什么样的吗？"

"多干活，少拿钱。还有最重要的一条，老板说什么就做什么，绝对不能有二话。"肥猫有点赌气似的故意说。

"天啊！你别把天下老板都形容得像黄世仁一样。"影得先生笑出声来，"事实上，你会有这种想法，也可以理解。因为你和老板对这件事情的认知是不一样的。你对自身价值的期待，未必和老板对你的期待相同。"

说着，影得先生从电脑中调出了一张示意图："职场这片江湖，没你想象的那么险恶和不近人情。但是，它确实有自己独特的游戏规则。作为一个新人，你首先必须弄清楚的一件事，就是在组织眼中，'人才'被分成四种不同的类型。"

企业眼中的"人才"

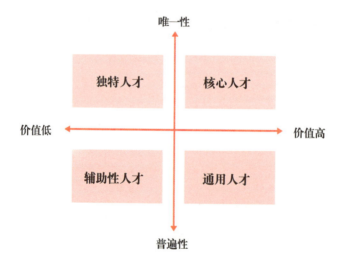

对照着图示,影得先生介绍说:"总体来说,企业里有四类'人才',就是核心人才、通用人才、辅助性人才和独特人才。在老板眼里,这四种人才有着各自不同的特点和价值……第一类是核心人才,这是企业一时间难以培养的稀缺人才。他们具有不可替代性、唯一性等特点,是企业的中坚力量,对于企业业绩的贡献也是无人可以赶超的,是对企业贡献价值最大的群体。比如那些在专业领域独具天赋的,能够完成他人无法完成的重要工作的,或者掌握着某些重要的独家资源的人,都是这一类人才。"

"第二类是通用人才,这种人才在企业的员工中占绝大多数。他们的特点是可以独立地、熟练地完成工作任务,对企业的贡献价值也很大,但是具有可代替性。你可以想一下,在你呆过的所有公司里面,是不是大多数人的工作,即使换个新人来做,只要经过必要的培训指导和实践积累,最终也可以顺利完成?这就是通用人才可替代性的集中表现。但从公司的角度来说,一般情况下会设法保留这样的员工,因为重新替换这类员工的成本,可能比保留的成本更大。

"第三类是辅助性人才,这是企业里比较常见的员工。他们遵循企业既定的模式,按部就班地完成工作任务,不会有太大的创新力,对企业的贡献相对比较小,具有可替代性,而且替代的成本不是太高。一般来说,刚走出校门没几年的职场新人们,不管他们毕业的院校和专业是多么著名，不管他们在学校的表现是多么优秀，进入企业之初，所扮演的大多是辅助性人才的角色。

"第四类是独特人才，这是企业里具备某一项特殊技能的人才，比如演讲能力、组织能力、表演能力等。但是他们的这种特殊技能，对本职工作并没有太大的帮助，所以公司除非在某些特定的需要下，一般不会太多地关注这类人。身为独特人才，最忌讳的一种心态就是浮躁。如果仗着自己有一点小特长，就不愿意安心做好本职工作，这样的人是很容易被淘汰掉的。"

解释完"四种人才"的含义，影得先生问肥猫："你觉得，你自己是哪一种人才？"

想改变现状最好的办法是"改变自己"

肥猫犹豫了一下，有点底气不足地说："我知道自己现在还算不上核心人才，但是怎么也应该算通用人才吧？……虽然按照您刚才说的，老板可能只是把我当成辅助性人才在使用。"

影得先生笑着点点头："看到你自己和老板的期望的落差了吧？我相信你的能力还没有完全发挥出来，还有很大的潜力可供挖掘，但是在眼下，你确实还只是辅助性人才。所以，还要再踏实一点，耐心一点。很多职场新人最缺乏的就是踏实和耐心。他们自认为是核心人才，却整天被当作辅助性人才使用，当然会极其郁闷。"

"现在我知道自己是辅助性人才了，但是也一样郁闷。"肥猫闷闷不乐地说，"您刚才也说了，这种人才是替代成本最低的。换句话说，就是最不受老板重视的。知道自己属于这一类，实在不是什么让人高兴的事……估计只有混成了核心人才，才能成为老板大人的心头宝，不过天知道得等到猴年马月。"

"你说的有一定道理，但是似乎太绝对了。"影得先生说，"对于这四种人才，企业当然会分别采取不同的管理策略。但是每枚硬币都有正反两面，我们很难界定绝对的好坏……比如，对核心人才，企业必然要向他们支付最具有竞争力的薪酬、给予最优厚的福利，甚至不用基本规章制度来约束他们，而是为他们提供宽松的、相对自由的个人空间和时间。但是，换个角度想想，如果你是老板，手下有这么一位几乎掌握着公司命脉的员工，你晚上能睡踏实吗？这类人才是绝对的稀有生物，多少竞争对手都拿着高薪挖他，说不定哪天就被挖走了。所以企业在给他开各种方便之门的同时，必然格外注重人才储备，暗地培养和重金物色能够替代他的人，并且通过管理手段把他的独特技能和资源，分解转化为普通员工也能掌握的标准技能和公共资源。"

"话是这么说，但是，核心人才确实是最风光、最舒服的员工，单就这一点来说，就很值得羡慕了。"肥猫说。

"不错，几乎每个身在职场的人，都希望自己有朝一日能够成为核心人才，享受老板给予的'最厚的票子、最足的面子和最好的位子'。我之所以刚才跟你说那些，其实是想强调一件被很多人忽略的事情——企业真正需要的是'德才兼备'的雇员。如果有才无德恃宠而骄，突破了企业的容忍底线，即使你是最珍贵的核心人才，老板也会毫不犹豫地找机会干掉你。"

肥猫点点头，又说："我一时半会儿还达不到核心人才的程度，您能不能再说说，企业对付其他三种人才都是什么策略？"

"对于通用人才，企业采取的一般原则是'保留'。所谓'保留'，就是为他们提供比同行业水平稍高一些的薪酬，这样就足以让他们踏实地为企业工作。而且企业还会督促他们快速地学习核心人才的业务技能，以提高他们自身的价值，创造更多的效益。所以,作为通用人才,你在甲公司和在乙公司,待遇并不会相差很多。但是通过不断的学习和自我完善,通用人才可以转化为核心人才,享受更高的待遇和地位。"

"对于辅助性人才,企业会用严格的企业规章制度来约束他们,用制度来奖惩他们,只有这样,他们才能为企业创造尽可能多的价值。"影得先生停顿了一下,特意强调说,"……所以,肥猫,别抱怨上司对你太严格太苛刻,也别以为通过跳槽就可以改善这一状况。要知道,只要你还属于辅助性人才,几乎所有的老板,都会采取从严从重的方针。想改变现状,最好的办法是改变自己。通过努力工作成为通用人才,进而成为核心人才。或者在不影响本职的前提下适当发挥特长,成为独特人才,尽量获得领导的关注和青睐,为自己创造成为核心人才的机会。"

"独特人才怎么能变成核心人才呢?"肥猫插嘴问道。

影得先生回答说:"独特人才大体可以分成两种。一种是,他的能力的确对企业有一定帮助,但又不愿意在企业中工作,一般可以采用合作或兼职的形式,为企业服务。还有一种独特人才,他们的特长和本职工作基本无关,但是有助于提升个人的受关注程度,比如说,能歌善舞、说话幽默风趣、擅于在集体活动中活跃气氛等。如果是这种独特人才,比较聪明的做法是,利用自己的特长获取领导的关注,进而获得机会。"

接着,影得先生给肥猫讲了一个关于"红衣服"的小故事。

有个名不见经传的年轻人问一位成功的企业家:"听说,您是白手起家,一步步走过来的。我也希望自己将来能像您一样出色,但是不知道从何处着手,您能不吝赐教吗?"企业家看了年轻人一眼,回答说:"我建议你先去买一件红衣服穿上。"年轻人很奇怪:"这跟穿红色的衣服有什么关系呢?"企业家指着窗外正为他工作的一群人说:"你看,他们绝大多数都穿着蓝衣服,只有那个小伙子穿着红衣服。事实上,我打算下个月就提升他为主管了。因为他总是穿得醒目而与众不同,我时常会不由自主地注意到他,自然也就不会错过他的每一点成绩。"

"要知道,在职场里学会'让领导认识你',是一条很重要的生存技巧呢。通过自己的特长获得领导青睐,进而获得展现自己价值的机会,这不是很聪明的做法吗?"影得先生微笑着总结说。

第一篇 职场与我

| 小贴士 | **企业眼中的四种人才**
核心人才、通用人才、辅助性人才和独特人才 |

- 你是人才，但更重要的是要知道自己是哪种人才！
- 每一种人才都有他/她的生存方式。
- 想想自己如何才能成为核心人才吧！

肥猫思索着提出了另一个问题:"依据您刚才所说的,只要我成为核心人才,是不是就算在职场中取得成功了?"

"成功?呵呵,这是另一个问题了。而且,这个问题没有一般人想象得那么简单。"影得先生卖了个关子,调出《奋斗》的另一个片段。

经历过事业的数次起伏,陆涛褪去初时的青涩和冲动,对"成功"有了全新的理解。

当生父徐志森诚恳地提出,要将他创建的庞大企业帝国交付给陆涛时,陆涛却平静而干脆地拒绝了。

"陆涛,你还不知道你自己的力量。你比你自己所知道的要强大,比别人所知道的也要强大……每个男人都是天生的梦想家。所以,只有理想主义者才会好过一点,你为什么不做一个理想主义者呢?这中间的距离其实很短,很短。"在商场拼杀一生的徐志森,试图用自己的经历和感悟说服儿子,让他继续自己未走完的路。

但是,陆涛的回答却大大出乎徐志森的意料:"我的梦想就是做一个简单而诚实的人。我喜欢设计,就做设计;我爱夏琳,我就跟她结婚;我有朋友,我就会经常跟他们在一起。我不在乎那些与我无关的'事业'了,无论是生意还是别的什么。因为我不再骗自己,我知道,我不能真正地为别人做什么事情,我也无法从根本上帮助谁,我没有野心,不想控制谁。我也讨厌和别人斗争。我就喜欢我现在的生活,这是我的奋斗所得,我不想改变……那些在你看来非常重要的事业,又是什么呢?在我看来那就是一堆零,如果没有家庭这个一,它没有任何意义。"

影得先生按下暂停键,照例先砸出一个问题:"肥猫,这段片子里有两种截然相反的观点,你赞同哪一种?"

肥猫想了想,回答说:"在看这个剧集的时候,我就觉得,陆涛能够说出这番话,和他之前的心态相比,是成长了不少的。但是他老爸徐志森说的也不无道理。成功这个事儿,本来就是仁者见仁、智者见智的。大家都在奋斗,但是不同的人看的标杆可能就是不一样。就我自己而言,更倾向于把这两种观点折中一下。"

"不错,很符合中庸的精神。"影得先生点点头,笑着说,"正像你所说的,作为奋斗的方向和终极目标,成功是个很复杂的概念……而且我觉得你刚才提到的一点非常好,你注意到了陆涛的成长。任何一个人的成功,都一定是从成长开始的。不管是在生活中还是在职场里,这条法则都适用。"

说到这里,影得先生又调出一张示意图:"成功始于成长。但是'成'字的写法是四种:成长、成才、成就和成功。"

"成"字的四种写法

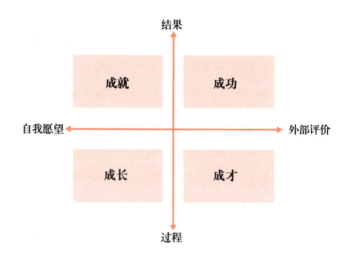

"对于一个人的奋斗，会有内部和外部两种评价角度。外部评价集中反映了别人对你的奋斗是否认可，而内部评价反映的是你内心的主观感受。对于奋斗的过程而言，外部评价的是你是否成才，内部评价的是你是否感到了自身的成长；对于奋斗的结果而言，外部评价的是你是否取得了成功，内部评价的是你是否获得了成就感。"影得先生严肃地说，"在刚才的影片中，徐志森更加注重的是外部评价，而陆涛更加注重的是内部评价。就像你刚才所说的，我们很难界定，这两种评价方式哪一种更加重要。但是在现实中，确实是有很多人只是一味追求别人的认可，而忽略了自己的主观感受和需要。我个人认为,既然是为了自己的人生在奋斗,不管赢得多少别人的赞扬和掌声,如果为此就忽略了自己的内心,终究不是很明智的。"

"肥猫,听了你刚才的话,我很高兴在奋斗的目的这个问题上,你已经有了自己的看法和标准。最后想提醒你的是,在奋斗的过程中,别忘了时时问问自己的内心。自省,可以帮助我们从容而坚定地继续走下去。"影得先生绽出一抹灿烂的笑容,"在回去之后,我希望你能抽出一点时间,静下心来好好想想下面四个问题。第一,你知道对自己的要求吗?第二,你知道自己为什么不能适应职场吗?第三,你知道自己的建议为什么没人响应吗?第四,你知道自己为什么不被提升吗?……从下一次开始,我们会正式介绍赢在职场的四级台阶——要求之阶、职业之阶、影响之阶和成就之阶……今天就先到这里吧!下周六再见!"

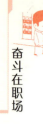

奋斗在职场

第一，服从命令，做事专注； 60
第二，恪尽职守，始终如一； 80
第三，讲求方法，心态积极； 100
第四，坚定信念，挡住诱惑。 120

小贴士　"成"字的四种写法：
成长、成才、成就、成功。

- 奋斗，总是始于成长，并且以成功为方向和目标。
- "成"不仅仅指的是外在的坐标，更重要的是心灵的坐标。
- 奋斗，离不开清明的内省，要对自己所做的事情有一种从容和坚定。

第二篇　要求之阶

积极响应组织四大要求的修炼

不理解组织要求的奋斗是盲目的！
没有四大支撑的奋斗是弱不禁风的！

【三大观点】

观点一：不理解组织要求的奋斗是盲目的！
　　　　为什么总是劳而无功？

观点二：没有四大支撑的奋斗是弱不禁风的！
　　　　很好的理想和很坏的现实之间到底缺什么？

观点三：响应组织要求必须进行自我四大修炼！
　　　　职场表现优秀意味着什么？

【关键词】

四大要素　　名、利、义　　四层要求　　四项修炼

周六的上午,肥猫如约来见影得先生。

"早上好,肥猫!"影得先生灿烂而温和地笑着,"从今天开始,我们正式着手解决困扰着你的具体问题。你准备好了吗?"

"准备好了!"肥猫中气十足地回答。

"很高兴看到你这么有精神的样子。我想这应该代表着,你决定努力去争取自己的江湖了,对吗?……好吧,首先,请你告诉我,工作这两年多以来,最让你困扰的是什么?"影得先生问。

肥猫很仔细地想了想,回答说:"最大的困扰是……我不知道公司和老板到底要我干什么。具体来说,我很想把事情做好,很想通过奋斗闯出一点自己的名堂。直到现在,我也还是这样想。并且我也确实很努力地这么做了。但是,不知道为什么,所有的老板都觉得我做事情有问题,我总是得不到他们的认可。真不知道是我流年不利。碰到的老板都挑剔,还是我自己真的出了什么问题。"

"ok!我明白了!"影得先生点点头,"肥猫,我很高兴你还保留着努力奋斗的梦想,并且由衷地希望,在以后的生活里,不管遇到多么不如意的事情,你都不要丢掉这个梦想。因为这是走向成功的最大内驱力……我们先来看个电影片段吧。看完之后你就会知道,梦想是多么宝贵的东西。"

影得先生播放的,是电影《喜剧之王》的一些片段。

帅哥尹天仇醉心戏剧表演,自认才华横溢却始终不得志。在影片的一开始,他独自对着波涛翻滚的海面,大声自勉:"努力!奋斗!"

正是抱着这种信念,他虽然过着无比凄惨落魄的生活,却从未放弃找寻机会。

在经历了无数拒绝和白眼的磨炼后,天仇的"专业"特质终于得到大明星杜鹃儿青睐,被提拔为新片的男主角。但是,因为一些事情,尹天仇失去了杜鹃儿的欢心。当新片一切就绪时,尹天仇被临时换角。煮熟的鸭子就这样莫名其妙地飞了,尹天仇从云端径直跌到谷底,心碎不已,但也无可奈何。

在片厂当场务的卧底警察找天仇协助破案。天仇以送外卖的身份前往案犯住处,却阴错阳差被对方识破身份,万分危急之中天仇下意识举枪自卫,竟然一举歼灭敌人。

一切回归平静之后,天仇在街坊福利会举行戏剧表演,这次来观赏的观众竟是人山人海。尹天仇最后总算是守得云开见月明了。

影得先生按下暂停键,严肃地说:"奋斗,可能是一个漫长到令人发指的过程。你身边那些职场中如鱼得水的前辈,他们今天的成绩,可能是通过几年乃至十几年、几十年的奋斗得来的。所以,你既然已经决心去奋斗,就必须知道有哪些因素能够为奋斗提供动力。"

奋斗在职场

哪些因素能为"奋斗"提供

"动力"

　　肥猫点点头，专注地听着。

　　"支撑奋斗的要素，一共有四点，分别是素质、意愿、意志力和机遇。"影得先生进行进一步的解释，"素质很好理解，包括你的能力、特长、专业、技术、经验等。素质是奋斗的硬件，素质高低直接决定了一个人奋斗的层次。意愿是指一个人取得成功的主观愿望，这个愿望越强烈，他自发投入的时间、精力、金钱、耐心等资源就会越多，成功的可能性也就越大。"

"意志力是取得成功的重要条件。因为我们刚才说过了,成功不是三五天就能实现的。王石不是说过吗,奋斗的现实情况就是,今天很痛苦,明天更痛苦,后天很美好;但大多数人都死在明天晚上,看不到后天的太阳。如果一个人的意志力不够坚定,总是在最不该停步的时候停下,那么他永远得不到奋斗的成果。

"最后一个因素是机遇。肥猫,不知道你听没听过'遍地是机遇'这句话,我的意见是,听了也千万别相信,跟你说这话的十个有九个是骗子。永远记住,天上不会掉馅饼,要掉也是掉铁饼。在职场这片江湖里,机遇绝对不会平白无故砸到你脑门儿上,必须要用你的努力和付出,从别人手里换来。"

影得先生解释完这几个要素的含义,突然抛给肥猫一个问题:"你觉得,这四个要素,哪一个最重要?"

"应该……应该是素质吧。"肥猫好像有点犹豫,"在其他条件相同的情况下,博士生就是比本科生底薪高,这不就说明了两者起点不一样吗?还有,您也说素质是硬件。确实每家公司都在嚷嚷,要提升员工素质,招聘时要求的学历门槛也越来越高了。"

"素质确实很重要,但在这四个因素中,它绝对不是最重要的。"影得先生摇着头否定,"职场中有一句名言,你有多少能力不是最重要的,谁承认你的能力才是最重要的。所以,我可以很负责任地告诉你,最重要的是机遇。"

"可是,机遇这个东西是可遇不可求的,是没准儿的事情啊!按照您的这个说法,支撑奋斗最重要的那个因素,就是最不靠谱的因素。这也太打击人了吧?"肥猫睁着大眼睛一个劲儿地分辩。

"谁说机遇是不靠谱的?至少我没说过吧?"影得先生狡黠地笑了,"职场中的机遇,是可以创造、可以争取的。赢得上司的青睐和重用,其实有好多技巧。这个问题,我们在以后会谈到……我之所以说机遇是最重要的,是因为机遇是成功的导火索,如果没有机遇,剩下那三个因素充其量只是一桶火药,永远不能成为天空中灿烂的火花。或者,套用《奋斗》里面陆涛的那句台词,素质、意愿和意志力,这些都是一堆0,如果没有机遇这个1在前面,它们什么意义也没有。"

"您说的确实有道理,可是,知道了这些理论,在实际工作中该怎么用呢?"肥猫提出一个新问题。

"知道了这些,就可以通过自查弄明白,自己缺乏的是什么,然后才好加以弥补。"影得先生又补充说,"在职场奋斗的不同阶段,所追求的东西应该是不一样的。一个聪明的职业人,应该明白在不同的阶段该追求什么。"

"这应该是个很个人化的问题吧?"肥猫插嘴说,"毕竟,每个人的奋斗经历都不一样啊。"

　　"不,事实上,这里面有很强的规律性。这个规律,就是'名、利、义'的模型。"影得先生说。

　　"那是什么呢?"肥猫眼里闪着很感兴趣的光。

　　"所谓名,就是指一个员工的归属感和组织认同感。"影得先生耐心地解释说,"名的表现方式有很多种,比如表扬、名分、职称等。追求名的过程,其实就是让自己被人认可的过程。别人的承认,尤其是上级的承认,往往意味着机会和前景。一般来说,职业人的20岁到30岁是追求名的阶段,在这个时候,初入职场的他们可以忍受比较低的薪水,干活也比较拼命,最主要的目标是让自己获得承认。获得的承认越多,对未来发展的帮助也就越大。"

肥猫专注地听着,不时赞同地点点头。

影得先生继续说下去:"所谓利,具体到职场员工,就是指他的成长感、工作回报和增值。像加薪、升职、更好的成长空间、福利、期权、红包、其他各种补偿等,都可以看作是利的具体内容。利应该是很好理解的。因为职场一定意义上就是生意场。员工为了更高的薪水而跳槽,或者老板为了雇用成本而裁员,都是可以理解的。30岁到40岁这个阶段,基本上是职场人追求利的时候。"

"那40岁以后呢?"肥猫顺口问道。

"一般来说,40岁以后就是追求义的阶段。所谓义,说白了就是一种自我感觉,比较多地集中在成就感上。豪迈、开心、爽、义务、愿意、公益、信仰、使命等这些感觉,都属于义的范畴。所以,40岁以后,人就应该比较乐观从容,也会比较慷慨大度,感觉看开了好多事情。因为义在一定程度上,是一种积极的、有奉献意味的情绪,所以现在很多老板都在积极开发员工的这种心态。不过需要说明的是,义的感觉完全发自内心,不是随

便就可以管理出来的。"

"明白了。"肥猫听完点点头,"您这么一说,我弄明白一件事儿。要想有大出息,就不能把短利看得太重。职场的前10年,还是要以积累口碑、名气、认可这些东西为主,套现是30岁以后的事儿。"

"嗯,很准确也很实在,特此提出表扬!"影得先生笑着说,"只有弄明白自己在不同阶段需要什么,才能让职场奋斗的过程更具有针对性。"

小贴士　支撑奋斗的四个要素

- 素质
- 意愿
- 意志力
- 机遇

小贴士　在人生不同阶段的三个不同目标

- 20岁~30岁,追求名的阶段
- 30岁~40岁,追求利的阶段
- 40岁~50岁,追求义的阶段

"明白了支撑奋斗的几个要素,就有了明确的目标,下面,我们来谈谈具体的做事方法。"影得先生挑起另一个话头,"肥

猫，你刚才说，总是闹不懂领导们要你做什么。那我问你，你怎么理解职场中的'要求'这个概念？"

"要求，就是老板要求做的事情喽！"肥猫理所当然地说。

"这么说不算错，不过还不够准确。"影得先生解释说，"详细来说，在职场里，'要求'这个看起来很简单的概念，却有着四层含义，由低到高依次是指令、职责、目标和理念。"

"有什么区别么?还不都是一样要做事情。"肥猫有点不以为然。

"区别可大了。"影得先生说,"所谓指令,就是要你完成的老板的即时命令,它的特点是,一个口令一个动作,前没有承接后没有延续,一句话,干完拉倒!一个普通员工,尤其是职场新人,工作内容里会有很大一部分都是指令式要求的内容。所谓职责,就是希望你有所担当,老板不再是直接给你一个口令,而是给你一份责任,如果说指令是老板说了你去办的话,职责就是老板不说,你也要知道去办。对于一个职业人来说,老板开始往你身上增加职责,一般就代表他已经开始认可你了。"

影得先生让肥猫稍微消化一下,又继续解释说,"'要求'的第三层含义是目标。老板不给你指令,也不告诉你职责,他只给你一个预期的结果,你的任务就是帮他达成这个结果,至于如何达成、使用什么方法,这是你自己的事情,老板不管。在这个层面上,老板是把一定的权力下放到你的手里,这就说明,老板对你有了进一步的信任。"

"最难做到的层次是理念。每一个老板都希望,员工能跟自己有共同的梦想。但大多数员工的想法是,我出卖劳力,老板给我薪水,这就行了。老板的梦想干我屁事?所以,员工把老板的要求上升到理念层面,是一件很不容易的事情,往往需要依靠企业文化的营造和传承。"最后,影得先生笑着说,"即使是同样的工作,如果从要求的不同含义上去理解,做出的效果也会完全不同。"

"您有点儿夸张了吧?"肥猫不信。

"你平时最深恶痛疾的工作内容是什么?"影得先生问。

"给上级和客户端茶倒水。"肥猫几乎是从牙缝里一个字一个字地挤出这句话。

"那我们就拿给客户端茶倒水当例子。"影得先生说,"如果你只把它当成一条单独的命令,那就是上级发话了你才倒水,上级不发话,即使来了客户你也不会管。如果你把它当成是你的职责,不用上级吩咐,只要来了客户你就会主动招呼,这个效果显然比命令更高了一个层次。如果你把它和某种目标联系起来,比如'代表公司给客户留个好印象'这个目标,就不仅仅是主动招呼这么简单,你会热情地询问客户的具体需要,并且尽量给予满足,从效果上来说,这和职责相比,又高了一层。如果你将它上升到一种理念来贯彻,那就不仅仅是一次性满足客户的要求,你会记住每个客户的不同需要,比如这个客户喜欢喝茶,那个客户喝咖啡不加糖,下次见他们再来,不用问,你就把一切准备好了……要求是相同的,都是给客户端茶倒水,员工理解要求的层次和深度不同,执行效果就天差地别。怎么样,肥猫,我没骗你吧?"

看着肥猫惊愕而若有所思的样子,影得先生满意地笑了。

> **小贴士** 理解要求的四层含义
>
> - 指令——请服从命令
> - 职责——请有所担当
> - 目标——请给我结果
> - 理念——请秉承文化

"肥猫，现在你明白了要求的四层含义，应该就不难理解，在职场，达成要求的标准是有刻度的。"影得先生又谈起一个新的概念，"无论是管理者还是员工，都应该明白自己做到了什么样的程度，然后才能明白下一步该怎么做。达成要求的四层标准分别是：第一，服从命令，做事专注，这是60分的标准；第二，恪尽职守，始终如一，这是80分的标准；第三，讲求方法，心态积极，这是100分的标准；第四，坚定信念，挡住诱惑，这是一个升华，是120分的标准。"

"天！这么复杂！"肥猫眼中都是惊叹号。

奋斗在职场

第一，服从命令，做事专注； 60
第二，恪尽职守，始终如一； 80
第三，讲求方法，心态积极； 100
第四，坚定信念，挡住诱惑。 120

　　影得先生没有急着讲解，而是调出了《喜剧之王》的另一个片段。

　　自以为富有演艺天赋的尹天仇，第一次去片场试镜跑龙套时，很自信。可他自作聪明，扮个死人却怎么也不死，连累得整场戏都要重拍，气得剧组上下集体暴走。

　　"靠！我完全不知道你在干什么！"导演一顿臭骂，把尹天仇赶出门来。

倒是一位从没学过演戏的老兄,因为严格完成了导演的要求,顺利得到了这个角色。尹天仇满脸崇拜地向这位老兄讨教绝招,人家却只是拍拍他的肩膀说:"努力做就行了。努力。"

按下暂停键,影得先生突然问了一个看似不相干的问题:"肥猫,你到公司上班,究竟是干什么来了?"

"呃……"肥猫愣了一下,"学习工作技能、开阔视野、施展才华,还有,赚钱养活自己。"

"错!"影得先生露出计谋得逞似的笑容,"公司让你学习技能开阔视野,还提供给你施展才华的舞台,那就意味着你应该向公司交钱,凭什么还要拿公司的薪水?"

"这个……"肥猫显然无语了。

影得先生收起玩笑的神态,一本正经地说:"要做一名合格的员工,就应该清楚地知道自己到单位是做什么来的。如果像片子里的尹天仇,只顾去想一些不切实际的事情,而对手边该做的事情心不在焉,那么也会像他一样,连个小小的龙套都做不成,还要被领导天天骂'我都不知道你在干什么!'"

"那您说,我们到单位是干什么来的呢?"肥猫把这问题又扔了回去。

"《阿甘正传》看过吧?"看着肥猫点头,影得先生继续问,"你还记得,阿甘当兵的时候,长官问他是干什么来的,他是怎么回答的吗?"

"完成长官交办的任务!"这段肥猫记得挺清楚,连语气和神态都学得很像。

"没错!"影得先生被逗笑了,"就像阿甘说的那样,我们到单位来,就要服从上级指令,努力完成上级交代的任务。就这么简单。事实上,刚才片子里那个不会演戏的大哥,不也正是凭着这一点获得那个角色的吗?"

肥猫瞠目结舌:"可是,这也太……太傻了吧?"

"站在你的角度上看,可能有一点。但是如果把你换做那个导演,你会选谁?或者当你成为主管,两个人来应聘,一个人很聪明却做不成事情,另一个人很傻却能不打折扣地完成你交办的任务,你会要谁?"影得先生反问。

"可是,万一领导说的是错的呢?或者他给的任务完全不具备可行性呢?难道这也要无条件地服从吗?"肥猫还是不服气。

"你说的没错。这里说的服从上级指令、努力完成上级交代的任务,并不是指要一味地傻服从上级指令。说到这里,我可以给你讲一个小故事。我讲执行力的课程大概有二三年了,有一次给一个企业做培训的时候,我和那个企业的老总合谋做了这样一个小游戏:那位老总让他的员工执行一个命令——跳楼!大家都傻了。然后出现了三种不同的反应。第一种人表示愿意跳,并且毫不犹豫地就要付诸实施,幸亏被老总一把抓住,才没有当场酿成血案;第二种人是和领导讲条件,'你给多少银子?'、'你怎么不以身作则?',老总长叹一声,未置可否。第三种人四处翻腾,老总问他们为什么不跳楼,得到的回答是:'我们在找梯子!'"影得先生停顿了一下,加重语气继续说,"其实,从这个小游戏可以看出来，第一种员工是'傻执行'，有力无心；第二种员工是讲条件，有心无力；第三种员工的执行才是有心有力的。一个企业最需要的是第三种员工。"

"按照您的说法，光是服从命令，已经是一件很难办到的事情了。"肥猫感叹。

"学会了服从命令做事专注，你只能拿到及格成绩——60分。也就是说，它只能让你在职场中勉强生存下来。"影得先生又打开了影片的另一个片段，"要想在职场混的稍微像样一点，至少要拿到80分。"

第二次试镜，尹天仇扮演一具死尸。谁知拍到一半，一只蟑螂吓得当红巨星娟姐大叫起来。众人一看，这还了得？急忙争先恐后地上前打蟑螂。但那只蟑螂正落到尹天仇身上。于是，打蟑螂的小事，最后变成了众人群殴尹天仇的壮烈惨剧。尹天仇吸取上次的教训，咬牙硬挺着，愣是躺在地上一动不动，直到导演喊停。

　　事后，娟姐问他："你为什么不躲开啊？"

　　"我没躲开，是因为刚才导演没有喊停。我既然扮演一个死尸，当然是不可以动的。"尹天仇的这番侃侃而谈，深得娟姐欣赏，被盛赞为"专业"。

　　"其实，我第一次看这电影就觉得，他这么做完全没有必要。主角都已经不管不顾了，他只是个小龙套，还这么硬挺着，只能让自己受委屈。"和专吃尹天仇这一套的娟姐不同，肥猫上来就发表了截然相反的观点。

　　"也许你说的有道理，但如果我们给这件事换个背景，假设这是在战场上，尹天仇是一位伪装埋伏的战士，他所做的这一切，还会让你觉得没有意义吗？"

　　"可是，战场和片场终究是有区别的啊！至少片场没有那么危险，放弃的代价也没有那么大。"肥猫说。

"'恪尽职守，始终如一'这八个字的核心意思是，不论干什么，不论在哪里，干一分钟就要有一分钟的样子，即使灾难降临时也是一样。这是一种职业精神。从这个层面上来说，无论在战场或是在片场，其实并没有区别。"影得先生说，"具体而言，如果我站在讲台上讲课，哪怕下面只有一个学员在，我也要始终如一地认真讲课；如果我是一个摄影师，哪怕明知道这个片子不会热播，但只要把机子架在这里，就要全神贯注，为每一个镜头负责。不管工作的性质如何、层次如何，执着地坚持应有的水准和标准，这就是职场的恪尽职守、始终如一。当你能够做到这两点的时候，就能够把琐碎枯燥的工作做得认真出色。这样一来，即使这份工作是你不感兴趣或者不擅长的，你也一样能得到上级的认同。"

"但最根本的问题是，既然明知道这个工作不适合自己，还要始终如一地耗在这上头，纵使被上级认可了，对我又有什么意义？"肥猫俨然较真儿到底了。

影得先生平和地笑了："肥猫，你是职场新人，我也是从新人过来的。我们应该都有一个体会，对于新人而言，很少一进职场就能被放到他最喜欢的职位上。大多数新人都是通过自己的努力慢慢争取到机会，打拼到最适合自己的位置的。我们刚才所说的坚守，其实就是打拼的一种方式。获得机会是需要时间的，但很多人还没有熬完这个时间,就忍不住离开了。只有坚守下来的人,才更有可能成为最终获得机会的幸运儿。就像马云说的那样。'今天很痛苦,明天更痛苦,后天很美好。但大多数人死在明天晚上,看不到后天的太阳。'"

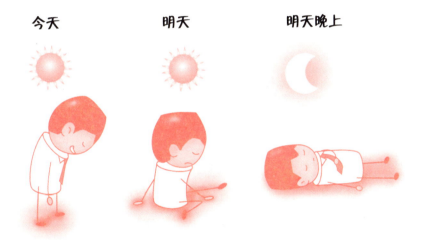

"您说的确实有道理。"肥猫终于点点头,"但是,一个新人要靠这种方式达成愿望,总是太漫长了。还有没有更快一点的方式?"

"有,不过你需要做得更好。做到100分——讲求方法,心态积极。"影得先生说,"你听说过前一段炒得很热的那个上海滩第一的哥的故事吧?"

2006年上半年,上海出租车界发生了一件新鲜事,一位拥有17年经验的上海出租车司机突然名声大振。在上海,随便坐辆出租车,提起臧勤,可谓无人不知无人不晓,被人们称为"上海滩的第一'的哥'"。

这事儿在网上流传开来以后,招来了不少人的质疑:一个"的哥"一个月可以挣8000元?不可能!打死你我也不信!可是事实胜于雄辩,在大家的纷纷质疑和媒体的千呼万唤之下,这位臧勤师傅终于走到公众面前,告诉大家"这确实是事实"。

其实,总结一下臧勤师傅自己的话,可以概括出三条"秘籍"。

第一,精业。也就是把自己变成"专家"。研究路线、红灯联网、上下班堵车状况、医院门口拿着盆的和空着手的……从这些看起来谁也不挨谁的现象里面,臧勤师傅愣是能摸出规律、找出无限商机来。摸索出这些规律,他用了9年的时间。

第二,成本管理。臧勤师傅发现开出租最大的成本是时间。他精确地计算出每天需上交管理费384元,每小时32元。

第三，永远学习。臧勤师傅每天反省，自己是不是哪条路走错了，必须保证85%正确，犯错误不能超过15%，否则就做不到8000元。他还学习公关学，研究客人心理。臧勤师傅有句颇有哲理的名言："昨天的经验会成为今天的障碍，你需要不停地学习和进步。"

"一个的哥，能拿到远远超过白领平均水平的收入，靠的就是讲求方法、心态积极。"影得先生说，"对于个人的发展来说，确实有起点高低的区别。但这肯定不是绝对的。只要找对了方法、摆正了心态，实现超越也不是很少见的事情。"

"您说的确实有道理，可操作起来太难了，全上海乃至全中国只有这么一位的哥做到了。比大学生自主创业取得成功的概率要低得多。"肥猫似乎有点不屑一顾。

"瞧！你这就是典型的消极心态作祟的表现。"影得先生半开玩笑地说，"面对一件想做的事情，不管它看起来多困难，你首先得秉承一个成功的心态，只有这样，才可能取得成功。所谓秉承成功的心态，就要认为凡事都有可能……当别人做得比自己好的时候，如果你首先想到的是别人的方法比自己好，我要借鉴，那你没准儿能找到比他更好的方法，取得更大的成功；同样的道理，如果你首先想到的是别人的命比我好，我就别惦记了，那你就真的别惦记了，因为你一辈子都不会去尝试，当然也就根本不可能成功。这,就是心态的力量。"

肥猫点点头,说:"我明白您的意思了。不过,寻找方法也不是一件容易的事情,臧勤师傅用了整整9年才摸出规律。"肥猫的声音里,好像蕴含着一些感慨。

影得先生接过话头:"你说的没错。世上没有什么事情是容易的。尤其是对于一个没有背景的新人而言。所以,才要用健康的心态使自己耐得住枯燥和寂寞,同时不断学习,从而找到适合自己的好方法。臧勤师傅那句话很有道理——'昨天的经验会成为今天的障碍,你需要不停地学习和进步。'"

"那120分的标准是什么呢?"肥猫好奇地追问。

"坚定信念,捍卫原则。"影得先生调出了《士兵突击》中的一个片段。

原钢七连连长高城,担任本次A大队选拔的考官之一。对于这场残酷得近乎变态的选拔,高城颇有微词却只能憋在心里。很偶然地,他发现了一名隐蔽着的参选士兵,无巧不巧竟正是钢七连第5000名士兵马小帅。

按照规则,高城应该判已经暴露的马小帅出局。但对战友的感情和对选拔的不满混合到一起,高城突然想要放水。事实上他也确实这么做了。"老七连的人混的不易,别因为我这一个偶然,碰掉了你进A大队的机会。"高城这话掏心掏肺。

可死倔的马小帅偏偏不吃这一套,软的硬的都不吃。当气急败坏的高城坐上吉普车准备强行离开时,被远远落在后面的马小帅,还是自己拉响了代表弃权的信号弹。"别以为我呆在钢七连没几天,就没有长出钢七连的骨头!"这个稚气未脱的学生兵,疯了一样地对老连长大喊。那架势,俨然是觉得自己受到了极大的侮辱。

高城怔住了。

"肥猫,可能让你失望了。"影得先生按下暂停键,意有所指地说，"这120分的标准，不是通向职场成功的捷径。恰恰相反，为了捍卫这个标准，可能反倒要放弃很多来路有些问题的'机会'。"

"我确实觉得有点意外。"肥猫点头承认，"您说，这两个经常出现在各种思想品德课本里的词汇，为什么会成为职场达成要求的最高标准呢？"

"有着很强的信念，能够对诱惑视若无睹，有着极强的职业操守，这样的员工，当然是最珍贵也最难得的。因为，当一个人信念坚定的时候，很多外在的东西自然就不能干扰他，这时，他离成功也就比一般人更近。古人说'壁立千仞，无欲则刚'，其实就是这个道理。"

> **小贴士** 满足要求的四层标准
>
> - 60分——服从命令 做事专注
> - 80分——坚守职责 忍辱负重
> - 100分——讲求方法 心态积极
> - 120分——坚定信念 捍卫原则

"听了您对这四层标准的解释,我突然发现平时做惯了的低级工作都有点儿烫手了。准确地说,不是有点儿烫,是烫的都快拿不住了。"肥猫的话中,有嬉笑也有感慨。

"这是正常的,你没有这样的体会才不正常。"影得先生笑着说,"带着这种谨慎而专注的心态做工作,才可能出成绩啊。"

看着肥猫惊愕而若有所思的样子,影得先生满意地笑着说:"希望今天聊的这些,能对你有所帮助。这次就先到这里吧,期待你下周带来好消息!"

第三篇　职业之阶

职业化就是工作中要秉承四种精神

职业化就是干事有干事的样子！

职业化就是坚守职业道德！

【三大观点】

观点一：职业地做事，就对了！

我到底怎么做，你才满意？

观点二：职业化包含专业精神、结果意识、客户导向和社会伦理四种精神。

为什么我很专业，组织还是觉得不够？

观点三：职业就是跟随召唤！

我该怎样做才能使自己职业化？

【关键词】

四种精神　　六部曲　　五条军规

又一个周六,这一次,肥猫很准时地来见影得先生。

"早上好!肥猫!"影得先生早已准备好了咖啡,笑着打招呼,"今天你很准时。看来,上周我们聊的关于'要求'的话题,对你产生了一些影响。"

"您说的没错。上级不再像以前那样,动不动就骂我这儿那儿做得不好了。事实上,这段时间他基本没怎么跟我说话,甚至没拿正眼看过我,大多数时候只是把任务交待一下就走了——天知道!不过这总比一见到他就担心挨骂好多了。"虽然不再像第一次来见影得先生时那么烦躁,但肥猫似乎还是有点提不起精神来。

"眼下最让你郁闷的是什么呢?"影得先生问,"除了上级基本不跟你说话这事儿以外。"

"工作内容太低级!"肥猫想也不想就立刻回答道,"当初招聘面试的时候,他们让我把在学校的成绩和之前的工作业绩说了一遍又一遍,把各种奖状证书的复印件都要走了,这么大张旗鼓地折腾,害我以为他们要招的是个八百年不遇的精英,一度紧张得不得了。结果进来了才知道,原来他们就缺一个端茶、送水、打字、复印的员工。瞧!这就是我现在的工作!……坦率地说,他们完全不用找个有工作经验的名校毕业生,直接找个初中生来,也能完成得很好,对工资的要求也许还低得多。"

"别这么消沉！"影得先生笑着说，"知道了如何做到领导的要求，只能确保你在职场生存下来。既然标准仅仅是'生存'，也就注定了过得不会很舒服。所以，我们还有很多事情要聊呢。"

"难道还有什么办法，让一个标准的跟班进化成为团队的灵魂？怎么做？找个电话亭把红内裤套到外面？"肥猫毫不掩饰语气中的调侃。

影得先生大笑起来："你的主意听上去不错，不过操作起来技术含量太高了。不如试试我的方法，相信我，这比让自己变身成超人容易得多，而且不用满大街找电话亭。不过前提是，你得先知道什么是职场……肥猫，你认为什么是职场呢？"

"职场，应该就是学习工作技能、赚钱养活自己的地方。"肥猫回答。

"学习工作技能，那应该是在学校做的事情。要知道，你的老板每月付钱给你，不是让你来学习的。职场，其实就是生意场。老板付出薪水，购买你的劳动，这本质上就是一种生意。"影得先生接着抛出了另一个问题，"进入职场两年多了，你知道什么是职业化吗？"

"呃……好好干活儿、听老板的话、任劳任怨，应该就是这些吧。"肥猫有点尴尬地挠挠头，"事实上，每次入职培训好像都会谈到这个,但是……总之我也说不太清楚啦!"

影得先生宽容地说:"好吧。不过从今天开始,你要把这个概念还有它的内涵,都深深印在脑子里……职业化,包含着专业精神、结果意识、客户导向和社会伦理这四种精神。"

肥猫懵懵地听着,满脸纠结。

"别着急，咱们一个一个地来解释……你有没有去'海底捞火锅'吃过饭？"见肥猫肯定地点头，影得先生笑得有点神秘，"那你一定应该见识过，最专业的擦桌子是什么样。"

"这个……我没太注意过。"肥猫做了个鬼脸。

影得先生播放了一段极短的海底捞视频，效果有些嘈杂，好像是用家用DV拍的。画面上的服务生，双手铺开一块大抹布，左三圈右三圈抹布翻过来又三圈，身体有节奏地左摇右摆，像跳街舞一样潇洒夸张。

"在海底捞，擦桌子的方向、次数都是有严格要求的，在此基础上，还要让旁观者感到快乐有趣。"影得先生解释说，"严格按照规定和流程，丝毫不打折扣，并且努力把事情做到最好最完美。这就是'专业精神'的最好注解。"

"只是擦桌子啊！干净不就行了？需要搞得这么夸张吗？——虽然我也承认这样确实很吸引眼球……"肥猫颇有点不以为然。

"确实，擦桌子人人都会做，而且胡乱擦也未必不能擦干净，但是严格遵守流程规定，才能最大限度地保证每一次的效果。正所谓'无规矩不成方圆'，作为一个职业人，首先要学会遵守各种规矩，不管在何种情况下，都要按照规矩办事。这就是专业精神，也是职业化的最基本精神。"影得先生停顿了一下，继续说,"下面是'结果导向',这是职业化的第二种精神,比'专业精神'又上了一个台阶。"

"您刚才不是说,'专业精神'就是结果的保障吗?为什么'结果导向'比'专业精神'更高一级呢?"肥猫问。

影得先生没有直接回答,而是调出电影《疯狂的石头》中的一个片段。

深夜,飞天大盗和街头混混都混进祠堂,要偷那块价值连城的翡翠。

飞天大盗一身夜行装束,从天花板潜入。凭借先进设备准确定位,如蜘蛛侠般潇洒地凌空而下,用专业工具轻巧地撬开展柜,眼看翡翠唾手可得,谁知出了个大乌龙——身上的保险绳短了一截,任凭他再使劲儿挣扎,也够不到近在咫尺的翡翠。

街头混混藏身在垃圾桶里,经过一整天各种垃圾的洗礼之后,狼狈出场。正好看见飞天大盗打开展柜,却只能吊在保险绳上挣扎的糗样儿。

结果可想而知,小混混轻易地拿到翡翠扬长而去,飞天大盗则是无功而返。

影得先生笑着问,"在这部片子里,一个黑心老板要雇人偷一块翡翠。肥猫，现在假设你就是这个黑心老板，有两拨人可以供你雇用，一个是誉满全球的职业大盗，一个是四处流浪的街头混混，你会雇用谁？"

"当然是职业大盗！他更有经验、更专业，雇他保险系数高啊！"肥猫想也不想地回答。

"不错，但是这个片段就恰恰证明了那句广告词，一切皆有可能。和大盗比起来，小混混当然业余到极点。但是他拿到翡翠了，他是赢家……所谓结果意识，就是有意识地用结果来证明自己的价值。对于一个老板而言，下属做事情的过程、方法、技巧往往都不是最重要的，他最看重的是下属能否达成他要的结果。能够帮他达成预期结果的下属，就是好下属。所以在职场中你会发现，像飞天大盗这种高学历、高背景的雇员，未必混的比一般人更好；许多草根出身但头脑灵活、执行力强的雇员，往往在干了几年之后被破格提升。之所以会有这种现象，就是结果意识在发挥作用。"

肥猫想了想，说："结果导向虽然看起来有点不讲情理，但其实这里面含有员工发展的机会。一个学历不算高、经验也不算多的员工，只要达成了老板要求的结果，就有可能得到老板的特别青睐，这事儿还是挺不错的。"

"肥猫，先别想得太美好。"影得先生不客气地打断说，

"要实现职业化,树立了结果意识还不够,还要有客户导向的精神。这是更高一层的要求。职场就是生意场,你的老板就是你的客户,你是他的供应商。一般而言,供应商对客户应该都是无微不至的,这也是职场中老板对下属的要求。"

"无微不至?这也太夸张了吧?他出钱我出力,本来就是等价交换,谁也不欠谁的事儿,凭什么还要对他无微不至?我又不是他爸妈!"肥猫激动地大叫起来。

"你先别激动。"影得先生调出了另一段视频,"看看EMC女秘书的故事吧,这可是前车之鉴啊!"

EMC女秘书,就是2006年网络上大热的那位"最牛女秘书"。这位姐姐曾服务于EMC,给其中一位高管担任秘书。平时尽职尽责,是个不错的员工。

一天深夜,外出回来的高管发现自己办公室的门锁了,他的东西都落在里面,自己又碰巧忘了带钥匙,于是就给这位女秘书打电话,却死活打不通。高管很是恼火,第二天一早就发邮件教训女秘书:"你凭什么擅自锁我办公室的门?要锁也应该先打电话问问我。提醒过你好多次了,不要太自以为是!"

其实,这样的事情在职场屡见不鲜,本该就这么过去了。谁知女秘书觉得委屈,又给这位高管回了一封邮件:"下班后我锁门是本职工作,也是安全的需要,不然丢了东西谁负责?你忘了带钥匙本来就是你的错。我和你签的合同是每天八小时工作制,工作时间内我绝对随叫随到、保质保量、毫无二话,但是我没有理由下班后还为你服务!另外,虽然你是老大,但还请注意说话的措辞!"更牛的是,秘书姐姐把这封回复连带高管的邮件一起群发到EMC的公共信箱请大家观赏!

不久之后,这位高管辞职了,女秘书也丢了工作。

有意思的是,经过好事者调查,和EMC齐名的诸多外企,都表示不会录用这位女秘书。

于是,广大网友不干了:"社会契约论是西方人捣鼓出来的东西啊!最牛女秘书用实际行动捍卫了契约的神圣,你们怎么反倒不录用她呢?虚伪!太虚伪了!"

诸多外企对此的回答是:"我们的要求是,雇员对待雇主,应该像供应商对待客户一样体贴周到。最牛女秘书小姐,显然还无法达到这个要求。"

看完这段视频后,肥猫有点瞠目结舌。

"知道你接受起来会有点困难。但是,这就是职场的游戏规则。"影得先生笑着说,"别把老板当成理所应当每个月给你钱的家伙,而要把他当成一个难缠的客户,你这个供应商要从客户手里赚到钱,自然要对他无微不至,尽量想办法满足他的要求。只要把心态放对,这其实是很容易理解的事情……很多人工作的时候,会有一种无奈的心态,总觉得自己是在'俯就'生活。其实,生活对你从来没有比对别人更差,只是你一厢情愿这样觉得而已。换句话说,让你弯下腰来的,其实不是生活,而是你自己的内心。每一件存在着的事物都是有价值的,不管它看起来多么荒谬,只不过有时候你没有意识到罢了。"

肥猫沉思着点点头。

"好,下面是职业化的最后一种精神,也是层次最高的一种——社会伦理。"影得先生清清嗓子,摆出隆重介绍的架势。

"在职场工作,还会跟社会伦理这么宏观的概念扯上关系?"肥猫一脸好笑的表情。

"当然会,而且例子就在近前。知道'范跑跑'的故事吧?"影得先生调出一段视频。

都江堰光亚学校教师范美忠,在网上发帖详述自己在地震中弃学生而逃的经历,从此得名"范跑跑",并被众多网友声讨。

其实,在这之前,范跑跑本来是个颇受欢迎的老师,他讲课风趣生动,不拘泥于刻板教条,很有自己的特色。不管是学生、家长还是校方,对他的评价都不错。

但在"5·12"大地震发生时,他不顾坐在教室里的学生,第一个跑出教室。还在网上发表文章,详细讲述了自己逃跑的经过,认为自己的做法没有错。他表示,逃生是人的本能,法律从没有规定在地震时老师一定要先救学生。此言一出,激起千层浪,网民群起对其谴责。范跑跑亦遭到停职。

"如果单纯从授课的角度来说,范跑跑是个很出色的教师,也得到校方和学生的诸多肯定和赞扬。用职业化的精神来衡量,他做到了专业,取得了很好的结果,他的客户群体——校方和学生,也都对他深感满意。职业化前三个层次的精神,他都贯彻得非常好。但他却出了问题,而且是很大的问题。根本症结就在于,他违背了第四种精神——社会伦理。"影得先生评价说。

奋斗在职场

"我觉得,这两件事应该分开来看。范跑跑是个很好的老师,同学们都很喜欢他。他在地震中逃跑并且四处宣扬的行为,确实是有不妥之处,但是这无损于他在教师这个行业中的优秀啊,为什么非要把他停职不可呢?"肥猫有点愤愤不平地说。

"因为在社会认知中,每种职业都有自己独特的形象。教师的职业形象,很重要的一条就是堪为表率。范跑跑的行为,已经违反了这个大众公认的职业形象,所以,他自然被这个职业所淘汰……有人的地方就有江湖。职场是不可能脱离社会这个大背景而独立存在的。作为一个职业人,在具备职业化前三种精神的基础上,还必须要保证不违背社会伦理的大前提,才有可能在职场生存下来。"

小贴士 什么是职业化

- 专业精神
- 结果意识
- 客户导向
- 社会伦理

影得先生抿了一口咖啡,抛出另一个问题:"肥猫,知道你所在的公司为什么雇用你吗?"

"因为我有很好的学历,并且和同龄人比起来,我的工作经验更加丰富。至少,他们给我的感觉是这样的。"

影得先生笑了笑,没有发表意见,而是打开旁边的手提电脑,调出已经事先让肥猫看过的片子——《穿普拉达的女魔头》。

影得先生播放了这样一个片段。

名牌大学毕业的安迪去顶级时尚杂志RUNWAY应聘。没想到,总编辑米兰达对精心包装的简历压根儿不屑一顾,还冷冷地打断了安迪的自我介绍,只是瞄了瞄她那土得掉渣的造型,就准确地断言她对时尚业根本没有任何了解。

"但是,我很聪明!我学东西很快!我会努力工作的!……"安迪还想垂死挣扎一下,但最终还是灰溜溜地退出来。临出门却被叫住,告之,她被录取了。

"好!肥猫,你能不能告诉我,米兰达为什么会雇用安迪?"影得先生按下暂停,笑着问。

"因为……因为安迪说自己很聪明,学东西很快,而且会努力工作。"

"没错!你观察的很仔细。"影得先生点点头,"其实大多数老板和米兰达一样,他们并不关心年轻雇员在学校的成绩多么优异、或者做过多少社会活动。他们之所以雇用这种没什么经验的年轻人,只有一个原因,那就是年轻人聪明、学东西快、干活儿肯拼命不惜力。换个通俗点儿的说法,你的公司雇用你,不是因为你有一颗充满宏伟志向的心,而是因为你有两个滚烫的肾。你能吃苦,能做别人不愿意做的繁重琐碎工作。"

"肥猫,你要知道,一个老板雇用员工,无非就是以下三种情况:第一,这事老板能干,但是他不愿意干也没空干,于是就请员工来干。如果是这种情况,就不要抱怨老板苛刻,因为我们赚这份钱的工作标准非常高,这个活人家以前干过,明白是怎么回事儿。第二,这个活老板没法干也不会干,于是请人来干。这份钱赚得比较舒服,也比较有地位,但这个时候,我们一定要表现得很专业,才能不被淘汰。第三种情况,就是老板花钱找乐!他花钱就是为了找个出气筒,发泄情绪、排遣压力,从而使自己总处于很好的状态。很不幸的是,如果初入职场的菜鸟们不尽快强大起来,这个出气筒的光荣任务多半会落到他们头上……所以,记住,当老板骂我们的时候,我们必须学会忍耐,因为也许我们赚的就是这份钱。不要轻视眼下端茶、倒水的工作,因为在你证明自己有更多的价值之前,这些工作就是公司付钱给你的理由。如果你想让自己更有地位、更舒服,方法很简单,把自己变得更强、更有价值,去赚刚才所说的第二份钱。"

"好吧，就算您说的是对的。"肥猫有点激动地说，"我也很想要证明自己有更多的价值。但是，不管我怎么努力，也不可能靠端茶、倒水、打字、复印来证明自己吧？要证明自己也得有机会啊！谁给我们机会呢？"

　　"你会这么说，是因为你还不了解自己这份工作的意义。"影得先生没有再继续说下去，而是播放了这部电影的另一个片段。

　　从两条几乎没差别的腰带里选出一条，安迪以为，这种吃饱了撑的工作实在很可笑，事实上，她确实没把持住笑出来了。"呃……很对不起，我对这种玩意儿还不太在行。"看着利剑般从四处射来的目光，安迪心虚地解释。

　　没想到，"玩意儿"这个词让老板米兰达大为光火。"这种……玩意儿？哦，我明白了，你觉得这些与你无关……你从你的衣柜里选了……我不知道……比如那件粗笨的蓝色毛衣。因为你想告诉世界，你对自己太过严肃认真，以至于无暇顾及衣着这类小事。但是你不明白，那件毛衣不只是普通的蓝色，它不是青绿色，也不是琉璃色，实际上那是天蓝色。同时你也不知道，2002年，从奥斯卡·德拉伦塔设计了一系列天蓝色长袍开始，然后我记得是伊芙·圣·洛朗，展示了天蓝色军夹克。之后，天蓝色很快出现在八个不同设计师的作品中，风行于各大卖场，继而大规模流行,甚至流行于那些寒碜的休闲服装角落,最后被你从某个清货箱里拖出来。事实上,那种天蓝色代表着数以万计的财富投入和难以细数的精力心血……说起来像个笑话,你认为是你选择了它,目的是把你自己和时尚业区分开来。但其实,你穿的这件毛衣是别人替你选的——就像站在这房间里的我们这些人,从一堆'玩意儿'里——为你选的。"

影得先生按下暂停键,转过头看着肥猫:"肥猫,在你心里,现在所从事的工作,是不是也是可笑的'玩意儿'?……先别急着否认!至少,从你的话里我可以感觉到,你心里是轻视这份工作的。但你有没有想过,你为客户递上的一杯水,可能直接影响他对公司的印象,进而影响他和公司交易的金额;你整理打印出的一份数据材料,可能影响总经理的决策,进而影响下个月的盈利。"

影得先生点燃一支烟,深深地吸了一口:"跟你说说我曾经做过的一份工作吧。那时候我在顶新,也就是做康师傅方便面的那家公司。我的工作就是,每天换一块雪白崭新的毛巾,去各个商店和小卖部里,一盒一盒地挨个擦拭我们顶新的产品,纠正产品摆放的位置。你可以想象吗?这绝对是一份无聊的工作。干了一段时间之后,我觉得自己简直要发疯了,于是我去找上级,要他在我精神崩溃之前给我换一份工作。你猜我的上级跟我说什么?他告诉我,正是因为有无数我这样的人每天维护着产品的形象,我们的销售额才能在原有基础上上升若干个百分点。这就是我曾经做过的看起来最枯燥和无足轻重的工作,但很显然,它确实是有意义的……肥猫,只有知道了你的工作有什么意义,你才可能真正地投入进去,从中找到自己的价值。"

"好吧,也许您说得很有道理。但是,我真的已经很努力地在做我的工作了。那么琐碎、那么繁复,我做对了,所有人都觉得是应该的,但只要我出一点错,各种责备就排山倒海似的压过来。"肥猫很委屈地说,"我知道作为新人,要从基础干起,我也愿意这样做,但我只是希望能够得到一点鼓励和肯定。这样的要求难道很过分吗?"

影得先生笑着点了点头:"我明白。大多数新人都会有你这种感觉。他们总会觉得是外部环境对自己太苛求,但却很少换个角度,反思一下问题的根源是不是在自己身上。"

"您是说,问题出在我自己身上?"肥猫不自觉地放大了音量,"可是,我真的已经很努力了,还要我怎样?"

"别激动!"影得先生平静地笑着,"我们还是先来看一段片子吧。"

安迪因为没能完成任务,被老板米兰达狠狠修理了一通,痛哭着去找前辈奈杰尔抱怨。

"懒得干就辞职吧。我五分钟就能找到一个女孩来代替你,并且是一个真正热爱这份工作的人。"这就是奈杰尔给她的答复,"亲爱的,凭良心说,你真的根本没有努力过!"

奈杰尔一语道出了所有问题的根源:"你希望我对你说什

么?要我说'真可怜,米兰达又欺负你了,可怜的安迪'。是吗?醒醒吧,穿6号衣服的胖女生!你难道不知道,你的工作是在出版本世纪最好的艺术家的作品?豪斯顿、拉格费尔德、德拉伦塔……这些顶级大师的作品,都在这本杂志里。你以为这只是本杂志?不!对于很多人来说,这是希望的灯塔!……可事实上,你根本就不在乎这份工作,好像你工作根本是迫于无奈;而我们这些人,都是由衷地热爱着这份工作。在这样的情况下,你竟然还抱怨老板为什么不亲吻你的额头,每天给你的作业批个金色五角星?醒醒吧,亲爱的!"

在安迪的苦苦哀求下,奈杰尔终于答应帮助安迪,让她变得更职业化。于是,一个风姿绰约、干劲十足的全新安迪出现在大家面前。米兰达看到了安迪的改变,第一次对她露出了笑容。

按下暂停键,影得先生说:"安迪是什么地方变了,使米兰达对她露出笑容呢?其实,她的工作内容并没有变化,但是她的一言一行、她的穿着和精神状态发生了变化。"影得先生停了片刻,打量着正皱眉思索的肥猫,"我们刚才讨论过职业化。可能很多职场新人会觉得,它听起来是个很玄很专业的词,其实它最基本的含义非常简单,就是'干事要有干事的样子'。别以为你成天手忙脚乱、疲于奔命就是真努力了,恰恰相反,这是一种偷懒的表现。真正的职业化,是把自己由内到外变成你的职业需要的那个人,你的每个动作、每句话、每个细节,都应该符合这份职业的要求。要成为优秀的职业人,就要从改变自己的行为开始,这样就离成功不远了。"

肥猫没有说话,只是缓缓地点了点头。

"我知道一时半会儿理解起来有点难。"影得先生宽容而温和地笑着,"慢慢来,只要有了改变自己的意识,并且愿意付诸努力,一切都会慢慢好起来的。"

"只要我做到了职业化,就能够被重用吗?"肥猫突然抬起头来问。

"不,做到了职业化,只能让你得到肯定。要想被重用,你还必须超出客户的期待。"

"客户?那完了!"肥猫颓然叹了一口气,"就靠给客户端茶、送水,能做到超出他们的期望?这事儿也太不靠谱儿了吧!"

"你说的是狭义的客户。其实,你还有个非常重要的客户,那就是你的上级,只有超出了他的期望,你才可能被重用。"影得先生说。

"上级是我的客户?"肥猫一脸疑惑。

"没错。在职场中，你的老板其实就是你的客户。你是他的供应商，为他提供产品和服务，他付给你报酬。就是这么简单。作为一个职业人，你完成上级交办的工作是应该的，就好像供应商应该为客户提供产品和服务一样。但如果只能做到这种程度，就不要奢望得到赞赏或者鼓励，因为这是你的本分，你只是完成了你该做的。只有超出了客户的期望，你才能够得到奖金；只有超出了上级的标准，你才能够被重用。"影得先生调出了电影的另一个片段，"也许看完这个，你就明白了。"

安迪在无意间发现了老板米兰达的隐私，触犯了职场中最大的忌讳。果然,第二天米兰达就扔给安迪一个不可能完成的任务——3小时内弄到《哈利·波特》的手稿,并摆出一副十分露骨的表情:"如果找不到,你就不用来了。"

安迪完全抓狂了:即使她认识J.K.罗琳本人,也弄不到这东西!这分明就是一件没人能做到的事情,也许只有上帝他老人家除外。

但是,抱着死马当作活马医的绝望心态,安迪还是使出浑身解数四处寻找关系,竟然幸运地找到了!她将书精心装订、添加封面,并留下了备份手稿,做得远远超出了米兰达的期望。

当安迪底气十足地送上手稿,笑吟吟地问米兰达还有什么要求时,米兰达惊愕半晌,告诉她:"就这些了。"

不久后,安迪荣升为米兰达的第一助理。

影得先生按下暂停,突然笑着问:"记得你一开始给我发的那份E-mail里说,又有了跳槽的打算。现在你还是这样想吗?"

肥猫愣了一下,没有回答,有点尴尬地低下头。

影得先生没有再追问下去,只是继续说:"想换份工作,这本来没有什么。我也换过不少工作,但是,没有一次是因为工作太艰苦或是老板太难缠而换的。记住,如果要换工作,唯一足够充分的理由是你有了更好的机会,否则,最好三思而后行。天底下最容易写的文件就是辞职报告;而最难做的事则是把那个苛刻的、难缠的

老板搞定。你要把老板炒掉太容易了,要把老板搞定却太难了。但往往只有把老板搞定的人,才是最后能成功的人。"

"把老板搞定？这个说法听起来很带劲儿！"肥猫一脸解恨的感觉。

"拜托，不要那么狰狞！我只是说要把老板搞定，从没说过要把老板搞掉……事实上，要真正实现职业化，很重要的一步就是，要自发地对老板效忠。"影得先生说。

"对老板效忠！天啊！我一直以为这是上个世纪的职业观念。"肥猫好像很不以为然，"您不是一直在说，职场就是生意场，雇员和雇主是平等交易的关系。既然这样，交易划算就继续进行，交易不划算就散伙，为什么要扯上'效忠'？而且还得是'自发的'？"

"其实这个职业观念，在下世纪也不过时。"影得先生平静地笑着，"在职场，老板是你提升机会和职业资源的主要来源，老板直接决定着你的发展速度和轨迹，从这个角度来说，对老板效忠是一件很现实的事情。之所以要强调'自发'是因为，这种效忠意识，往往是在员工意识到自己工作的意义，能够站在老板的立场上思考问题后，才自然产生的……这么说可能有点抽象，我们还是继续看段片子吧。"

安迪偶然得知，米兰达将从RUNWAY主编的位置上被替换下去，投资人新近看中的，是一个更加年轻也更懂得节省开支的资深时尚人。

换做几个月之前,安迪死也不会相信,自己听到这个消息的第一反应竟是——"不!米兰达把一切都倾注到这本杂志上了。如果被这样不明不白地换下来,她会受不了的!"

尽管杂志的新任文字总编已经伸来橄榄枝,尽管米兰达曾经百般折磨过自己,安迪还是本能地马上通知米兰达这个消息。她由衷地希望,事情还能有转机。

"如果是刚入职不久时的安迪,听到这个消息会是什么反应?"影得先生问肥猫。

"一定是振臂高呼苍天有眼!"肥猫毫不犹豫地说。

"没错,那时候的她,还不了解职场,不了解工作的意义,不了解该如何做事,不了解自己的老板米兰达。所以,她肯定会对诸多小事耿耿于怀,肯定巴不得自己的恶魔老板马上恶有恶报。在这种情况下谈论'效忠'问题,当然是不靠谱的事情……片中的安迪之所以会本能地帮助米兰达,是因为她已经走完了职业化的前四步,明白了原先所不懂的那些事情。只有在这种情况下,才可能自发地对老板效忠。"影得先生吸着烟,悠然地说,"肥猫,如果有一天,当你能够自发地凡事都为老板考虑时,才真正实现了职业化。"

"好，下面让我们来讨论一道思考题。"影得先生又说，"肥猫，你觉得职场最终能让你得到的，最有价值的东西是什么？"

肥猫有点不理解影得先生问这问题的用意："职场能让我得到很多东西。比如金钱、广阔的人脉、丰富的经历、工作经验、个人能力等。一时说不全，总之是很多，而且我觉得，其中每一样都有不可替代的价值……您为什么非要选出一个'最有价值'的呢？"

影得先生依旧没有马上给予回答，而是播放了影片结尾时的片段。

安迪辞去在RUNWAY的工作，到一家新闻杂志社应聘。面试官开门见山地说："我已经和米兰达联系过了，她说在她雇用的女孩中，你是最让她失望的一个。"安迪的脸色立马变灰了。面试官继续说："米兰达还说，如果我没有聘用你，那我就是个不折不扣的大傻瓜！"

走在大街上，安迪给曾经被自己伤害的米兰达前任助理艾米丽打了电话，一对昔日冤家终于重又言归于好。

谁知刚挂断电话，安迪又迎面碰上了米兰达，短暂的惊愕和尴尬之后，两人会心一笑。

影片戛然而止。

"看完这一段，有什么感觉？"影得先生笑着问。

"虽然中间有过不少冲突和波折，但是作为同事的艾米丽和作为老板的米兰达，这两个人最终对安迪还是认可的。"肥猫说。

"你说得不错。"影得先生点点头，"其实，人在职场打拼的一辈子，就是在往三个钱包里存钱。第一个钱包是银行账户，存在里面的钱是真实的货币；第二个钱包是别人的内心，存在里面的钱是人脉和情感；第三个钱包是自己的内心，存在里面的是能力和自信。就拿影片里的安迪来说，米兰达和艾米丽的认可，是存在第二个钱包里的钱；她在RUNWAY锻炼出的实力，是存在第三个钱包里的钱。有了这两个钱包，她的第一个钱包还会空很久吗？"

影得先生停顿片刻，意味深长地说："肥猫，现在你能告诉我，职场工作带给你的'最有价值'的东西是什么了吗？"

"是自己锻炼出的实力，也是留在别人心中的美好情感。"肥猫底气十足地回答。

影得先生赞许地点点头。

> **小贴士**　**职业化六步曲**
>
> - 第一步——真正明白什么是职场
> - 第二步——感悟工作的真实含义
> - 第三步——学习职业化的行为
> - 第四步——超出客户的期望
> - 第五步——激发自己本能的"效忠"
> - 第六步——使他人心中留些美好是最大的财富

介绍完职业化的六个步骤，影得先生突然又抛出一个问题："肥猫，你前后换过这么多工作，那你能不能告诉我，人在职场最终能得到什么？"

肥猫皱起眉头思索着，并没有马上回答。

"呵呵，不着急，这个留给你作思考题。"影得先生又说道，"既然你打算继续干这份工作，咱们下面就聊聊职场的具体行为方法。掌握了这些方法，也许能让你以后的工作更加顺利一些。"

"好啊！好啊！"肥猫眼睛一亮掏出了小本子，一副乖学生的架势。

　　"又是我说你听？哪有这么便宜的事？"影得先生开玩笑似的说,"现在换个方式,你来告诉我,看了《穿普拉达的恶魔》这个片子,你对职场有什么具体心得？"

　　肥猫想了想说："首先,要关注细节。不光是工作中的细节,连穿衣打扮的风格、说话办事的方式,这些都是要用心关注的。片中的安迪就是改变了衣着形象,才得到米兰达认同的。"

　　"说得不错！"影得先生点点头,"干一行就得有一行的样子。细节虽然看起来微不足道,却集中体现了一个人对职业的认同程度和投入程度,所以也是很多老板判断员工好坏的一条重要标准……还有呢?"

"还有,就是不论多难的任务,只要还有一线希望,就要想办法去完成,不到最后一刻不放弃。比如,当米兰达要求安迪用三小时找到《哈利·波特》手稿的时候,安迪马上意识到这不是人类能够完成的任务,老板分明就是在往死里整她!但她还是想尽一切办法去找了,事实上她也确实找到了,而且从此得到了米兰达的认可和重用。如果她一开始就放弃,朝老板发一通脾气然后辞职走人,她就永远是个失败者。"

"没错,坚持不放弃!肥猫,你说的很精彩,请继续!"影得先生满脸鼓励的笑容。

"还有就是尊重别人的隐私,学会保守秘密。安迪之所以会被米兰达刁难,就是因为她无意间介入了米兰达的隐私,知道了不该知道的秘密。所以,做员工的应该有种自觉,不该知道的事情,一定不能好奇窥探,如果知道了,一定要把自己的嘴管严……我想,应该就是这些了。"肥猫有点忐忑地笑了笑,静静等待影得先生的评判。

"很好!超出我的期待!"影得先生赞许地说,"在职场做事有五条军规,你已经很好地说明了其中三条,还有两条,我来补充一下。职场军规的第四条,就是不找借口。这个在片子里也有体现。米兰达把任务扔给安迪时,从来不过问安迪能不能做到、如何做到,米兰达要的只是结果。可能有人会认为米兰达这么做很没有人性,其实,这是几乎所有高级管理者的共同特点。职场中的管理者,从来不希望从员工嘴里听到这样那样的借口。就像米兰达的逻辑一样,我分配任务,你去完成,我只要结果。"

"可是,这样不是对员工很不公平吗?"肥猫愤愤地说,"因为有些任务根本不是人力可以完成的,比如在暴风雨的夜晚,米兰达非要让安迪找到一架飞机。稍微有点常识的人都知道,在那样的天气里,根本没有飞机会起飞啊!"

"你说的也许有道理,但事实上,很多员工和团队的潜力就是这样被挖掘出来的。安迪不是也找到了《哈利·波特》的手稿吗?那也是一个被认为是不可能完成的任务,但安迪通过努力还是完成了,不是吗?……在美国,最大、最优秀的'商学院'不是哈佛,不是斯坦福,而是西点军校。它从'二战'结束以来,已经为世界500强企业培养出了1000多位董事长、2000多位副董事长和5000多位总裁。西点军校有一句非常著名的口号:没有借口!这句口号的实质是打造一种无坚不摧的执行力。所以,作为一名职业化的员工,应该有不找借口的自觉。接到任务,就努力去不打折扣地完成;如果实在完不成,就勇敢地承担责任。而这样做的实质,是证明自己有适应职场需要的执行力。你明白我的意思吗?"

"好吧,也许您是对的。"肥猫虽然看起来还有一点不服气,却不再反对了。

影得先生笑了笑,继续说下去,"在影片的最后,安迪获得了米兰达前所未有的信任和重用,可以说,她的前途一片光明。但她却辞职了,你认为这是为什么?"

"是因为安迪发现米兰达使用了不可告人的手腕,认为这么做违背了自己的良知。"肥猫马上回答。

"你说的没错。职场军规的最后一条,就是坚守职业道德。每个职业、每个人都有自己的道德准则,不管付出多大代价都要坚守这些准则。这点说起来容易,做起来却很难很难。所以,这是一个职业人的最高标准。"

做完这一番陈述,影得先生灿烂地笑了:"肥猫,今天我们就先聊到这里吧。下周见!期待你的好消息!"

小贴士　在职场做事的五条军规

- 关注细节
- 不抛弃、不放弃
- 保守秘密
- 不找借口
- 职业道德

第四篇　影响之阶

从被忽视到被尊重

你不喜欢我，首先是我的错！

知己知彼，百战百胜！

【三大观点】

观点一：取悦+信任+感恩=好的职场人际关系。
你不喜欢我，首先是我的错！

观点二：开再好的车都要有油；再精彩的人生都离不开上级的支持！
有天有地，你靠谁？ 靠天、靠地，更靠自己是一种大气！

观点三：如果大家都不喜欢你，一定是自己犯了常识性的错误！
你有没有犯职场人际关系的五个低级错误？

【关键词】

三原则　　五禁忌　　向上管理

又是一个礼拜六。

上午九点,肥猫准时来向影得先生交作业。

"早上好,肥猫!最近过得还好么?"在咖啡氤氲的香气里,影得先生灿烂地送来问候。

"挺不错的——说实话,算是入职以来最好的一周了。老大不再天天拿我练狮子吼神功,而且,他好像开始让我做比较有分量的工作了……您知道么?下礼拜一,我就正式加入新项目了。天啊!终于不用再当端茶、送水、打字、复印的小碎催了!荡气回肠啊!入职这么短时间就被老大委以重任,据说以前还从来没有过呢!"

"太棒了!我很高兴你取得了这么大进展。"影得先生眯起眼睛,笑了,"不过,你看起来好像不是那么开心——至少不是像你自己形容的那么开心。"

肥猫的脸色马上暗下来,闷头喝了口咖啡,蔫蔫地说:"没错……事实上,又有新麻烦了。而且,这次可能更糟糕——我突然不知道该怎么和人打交道了。"

影得先生竟一点儿也没表现出意外。"详细说来听听。"他说。

"虽然工作上的事已经难不倒我了,但老大还是基本不给好脸色看,而且似乎开始在一些莫名其妙的问题上找茬。但这还不是最郁闷的,最郁闷的是,原本对我还不错的同事,好像突然之间态度都变得很……很诡异。周三那天找Nancy拿份资料,她突然变得特官僚,一口一个'稍等',足足让我跑了三趟。其他人或多或少也有这个倾向……下周就加入新项目了,照现在的状态来看,我心里实在有点儿打鼓。"

"嗯,确实是个麻烦事。"影得先生想了想,又把问题抛了回来,"你觉得他们为什么会这样呢?麻烦的根源是什么呢?"说这话时,他笑得有点狡黠。

"嫉妒,不满,感到地位受到威胁后的本能反应……我也说不清,诸如此类吧。"肥猫似乎有些底气不足。

"事实上,这种麻烦很多人都碰上过,而且,他们中的大多数对此都抱着和你一样的看法。"影得先生点燃一支烟,深深地吸了一口,从电脑中调出了电影《功夫熊猫》中的一个片段。

熊猫阿宝阴错阳差地被乌龟大师指定为神龙战士,这使浣熊师傅和他的五位大侠弟子非常不忿。就他?一个什么都不会的肥熊猫,能当神龙战士?师徒几人暗自决定,整死他!浣熊师傅还放出狠话:"要是天亮时那肥熊猫还不自己滚蛋,就算我对不起大家!"

于是,熊猫阿宝屁股还没坐热,就被拉去轮番接受数不清的飞刀棒槌、拳打脚踢、烟熏火燎……

一阵响彻云霄的惨叫过后,阿宝毫无悬念地趴下了。只不过,他没有走。

影得先生问肥猫:"阿宝被指定为神龙战士之后,浣熊师傅和那五位弟子是怎么招待他的?"

肥猫明显愣了一下:"这个……他们华丽丽地扁了他一顿。"

"没错。和你眼下的境遇是不是有点像?哈哈!别紧张,我不是说你的同事也会扁你一顿。不过,你确实感觉到了冷漠和不欢迎,对吧?"

"这倒是没错。"

"这种遭遇很正常,甚至可以说很平常。几乎每个刚刚进入团队的新人都要面对这样的冷漠和不欢迎,只不过表现形式可能略有不同……也许真的如你所说,他们对你的境遇有一点羡慕、有一点不服、也有一点不满。但是他们这种抵触情绪,归根结底还是出于对你能力和资历的质疑。就像五侠对阿宝一样,与其说有点过激的下马威是嫉妒和报复,还不如说是考验。不管是被委以重任的新人,还是被破格提升的空降兵,他们一方面能获得别人没有的机会,另一方面也必须承受更大的压力和更严苛的要求。两者如影随形。"

"可是,他们是我的领导和前辈啊!我和空降兵阿宝同学不一样,我之前那么努力地工作,那么努力地为他们每个人服务,现在我到了关键时刻,他们这么做,不是落井下石吗?"肥猫愤

愤地反问。

"哈哈,肥猫同学,我想你是把职场和学校搞混了。和学校比起来,职场更像是战场和商场。因为你的努力而帮助你,这是只有老师才会做的事情。你的领导和同事不是老师。在职场,每个人都有自己要独立面对的任务和责任,他们没义务教导你。对于他们来说,如果你不能完全胜任目前的新工作,最明智的做法不是给你帮助，而是直接把你换掉。想想看，对于浣熊师傅和五侠而言，大敌当前，把怎么看都像蠢材的阿宝培养成大侠，或者把他踢回去换个能够胜任的人来，这两者哪个安全系数更高点？如果你是他们，你又会怎么做？"

"照你这么说，我只能继续郁闷下去了？"肥猫闷闷不乐。

"也不一定……我们看看熊猫阿宝是怎么做的。"影得先生打开了另一个片段。

惨遭痛扁的当晚，跌跌撞撞的阿宝在压断了走廊的木地板之后，一头栽进了鹤侠的房间。

"对不起，经历了这么漫长又令人失望的一天，我想我要休息了。"鹤侠冷冷地劈头扔出逐客令，毫不掩饰语气中的厌恶和鄙夷。

阿宝却全然不在意，还由衷地称赞他："你知道吗？我是你的超级粉丝哦！卫平河战役，你们表现得实在太传奇了！敌人千倍于你们，你们却毫无惧意……噻！你真的是非常厉害啊！……"随着一声巨响，手舞足蹈的阿宝把鹤侠的墙壁砸出个窟窿，窟窿里隐约可见隔壁猴侠惊愕厌烦的表情。

于是，阿宝被鹤侠礼貌而坚决地赶出门去。最神奇的是，这胖子临了还不忘回头找补一句："我是你的头号粉丝哦！"

"鹤侠对阿宝的排斥，连瞎子都看得出来，阿宝自己一定也心知肚明。但他是怎么做的？"影得先生问。

"他说自己是鹤侠的超级粉丝，他拼命称赞五侠在卫平河战役的传奇表现，还一脸崇拜地手舞足蹈，把鹤侠的墙都弄破了……"

"没错，即使人家明明白白表示很不待见他，他还一直笑嘻嘻地，没有反驳，也没有摔门而去，只是不停地说'我知道你是对的'、'我是你的超级粉丝哦'……"影得先生微笑着补充，然后又加重语气强调，"微笑、认同、尊重、赞美，像孩子一样执着而不计前嫌，只有这样，才可能获得别人的善意。来到一个新环境，学会取悦别人，是一种非常重要的技巧。想要被接纳，就得把姿态放低一点，不要总想着自己有什么了不起，更不要记仇，而要努力和周围人打成一片。在《穿普拉达的恶魔》里面，安迪也是通过这种方法获得前辈的提点帮助的，不是吗？"

"好吧。我想你说的是对的。看来我真的要多花点心思和每个同事搞好关系。"

"说到取悦同事，"影得先生又扔出另一个问题，"后面有个情节，阿宝在和五侠一起吃面的时候，为了讨好大家，拿他们的老板——浣熊师傅给大家取乐。你对这事怎么看？"

"这种事很平常啊。同事们私下聊天的时候，也经常会把老板的糗事拿来八卦一下,算是找个发泄的由头,借以缓解压力、增进感情。虽然我承认背后说别人坏话是有点不地道,但是大家都这么干,自己总不能太特殊吧。而且事实证明,当团队里的'开心果',总比整天蔫蔫儿地招人喜欢多了。"肥猫眨眨眼睛,理所当然地说。

影得先生笑了:"就知道你会这么说!确实很多人都这么想,我们也很难界定这是对还是错。其实,就像刚才谈到的微笑赞美一样,这只是一种技巧和手段。能不能用,应该用到什么程度,都是因人因事而异的。片子里的阿宝用了,五侠也被他逗得很愉快,但是他们是否从此就和阿宝穿一条裤子了呢?事实证明没有。等到真有利益冲突的时候,比如去阻截恶魔太郎那次,他们还是招呼都不打地就把阿宝扔在一边。在职场上,也是同样的道理,谁都知道'开心果'招人喜欢,但是你的同事、你的团队,未必真像你想象的那么看重这个'开心果'。他们要想开心,直接去德云社听段子可能效果更好。"影得先生端起杯子抿了口咖啡,淡淡地笑着,"五侠是什么时候真正信服阿宝的,你还记得吗?"

"是在阿宝打败了恶魔太郎之后,所有人都抱拳施礼,尊敬地称呼阿宝为'大师'。"

"答对了!"影得先生眼睛闪亮地点点头,"对一个初入团队的新人来说，一些必要的人际的技巧和手段，可以让你尽快被组织接纳。但一定要记住，取悦并不等同于信任。想得到同事的信任，必须给他们一个拿得出手的理由，那就是你的实力。想真正地站稳脚跟，想在团队中拥有自己的影响力，还是要靠实力和成绩说话。所以，在取悦同事这个问题上，可以花心思，但不要把所有心思都放到这上面。而且，一定要有自己的原则，知道什么该做，什么不该做。要明白，'竞合'才是职场的真人际。所谓'竞合'，其实就是竞争与合作。同事之间有激烈竞争是肯定的，毕竟，每年的提升名额就那么几个，谁都不希望拱手让给别人。但是这并不意味着所有人都希望自己的同事是白痴。道理很简单，大家是在一个团队里共同做事情，某个成员的能力低下，影响的是整个团队的成绩。再招人喜欢的'开心果'，一旦因为跟不上团队的脚步而影响了大家的共同利益，还是会被毫不犹豫地踢出局。所以，不管是竞争还是合作，你至少要站在不低于对方的起点上。你真正可依靠的是实力，一定不要做相对很弱的人。"

第四篇 影响之阶

"影得先生,我承认您说得很有道理,但这是不是太理想化了?"肥猫一脸要较真儿到底的表情,"电影里的五侠都是又红又专的英雄样板,不会玩尔虞我诈那套花活。现实职场里可没人像阿宝那么走运,这种坦荡直率的纯洁战友不能说找不到,但

绝对不会太多。要是碰上那种被叫做'小人'的特殊生物，您的'竞合'原则恐怕就不那么好使了吧？"

"有句谚语是这样说的，'如果你的眼睛只看着黑暗，你就永远生活在黑夜里'。还是那句话，技巧和手段可以用，但要把握好用到什么程度。你说的这种情况现实中确实存在，但如果只是一味迎合所谓的'小人'，时间长了你会发现自己活的特别累，不敢拒绝别人的不合理要求，不敢表达自己真实的观点创意，甚至不敢把工作做得太出色。你认为这样成天唯唯诺诺、患得患失的人，在团队中会有影响力吗？事实上，滥好人正是职场最大的忌讳之一。"

肥猫若有所思地点点头，又问："您刚才也说，每个同事之间都存在着竞争的关系。既然这样，只要干好自己的事情应该就可以了吧？因为只有这样才能做出成绩，让自己站稳脚跟啊。"

"做好自己的事情，这当然是没错的。不过光是这样还不够。"影得先生反问道，"肥猫，你还记得，在五侠都敬佩地尊称阿宝为大师的时候，阿宝是怎么说的吗？"

"他说，这都是我的伙伴们的功劳。"

"不错。"影得先生点点头，"我们之所以说阿宝是人际高手，不仅在于他懂得如何取悦别人。更重要的是，他有一颗感恩的心。尽管一开始五侠对他不够友善，甚至排挤他，但这些阿宝都不记恨。恰恰相反，他一直记着别人对自己的好处，即使取得了成绩，也不恃才傲物。只有学会感恩，才能在职场中让自己随时都有平静的心态；也只有学会感恩，才能感动你的同事，让他们在人格上认可你，成为你的战友和朋友。"

肥猫一脸凝重，默默地记下。

"其实，熊猫阿宝的遭遇，正好代表了一个新人初入职场所必须经历的三个阶段。每个阶段的人际原则都不同。肥猫，你现在能够试着概括出来吗？"影得先生笑眯眯地问。

"第一个阶段，我想应该是面对来自团队的质疑、不欢迎甚至排斥。在这个阶段，要通过执着的努力、不记仇、尊敬每一位前辈等方式，尽可能地取悦每一位同事，最终让大家接纳。虽然这个时候大家还是质疑新人的能力，但会把他当作团队一员，给予一些提点和帮助了。第二个阶段就是用自己的实力，做出让别人信服的成绩，赢得同事的信任，在团队中获得真正的地位和尊敬。第三个阶段，就是在取得了成绩之后，别忘了曾经帮助过你的同事们，不要自己独占功劳，要懂得感恩。"肥猫说完，有点不确定地看着影得先生。

"不用犹豫，总结的非常好！"影得先生毫不吝啬地给予赞许和肯定，"明白了职场的健康人际行为准则，作为一个新人的忐忑、委屈和迷茫，是不是就少了很多呢？"

肥猫一愣，随即有点不好意思地笑着点点头。

小贴士 职场健康人际的三原则

- 取悦——让别人舒服
- 信任——让别人放心
- 感恩——让别人感动

"其实，熊猫阿宝的故事，还能告诉我们很多身在职场的道理。"影得先生把彼此的杯子添满咖啡，继续说道，"肥猫，现在我想让你试着来总结一下：在职场，有哪些事情是绝对不能做的？"影得先生又抛出一个问题。

肥猫迅速把刚才的谈话在脑子里过了一遍，轻快地说："不能谈论老板的八卦——我想同事的也不能随便说吧，换句话说，言语一定要有分寸，这是第一条。还有就是不能太自以为是，无视别人的感受。但是，也不能为了讨好别人丧失自己的原则，要有所为有所不为，不能当职场滥好人。"

"不错,很精彩!"影得先生笑着点点头,"基本职场人际禁忌一共有五条,你刚才说的,是其中三条。"

"那……还有两条是什么?"肥猫马上追问道。

"别着急,你刚才说的那三条虽然都沾边,却不够完整。咱们一条一条地说。首先,你刚才说'不能谈论老板和同事的八卦',这个很对。谈论私人八卦,纵使最初的动机里一点儿恶意也没有,但是经过口口相传,难免被不负责任的人歪曲和夸张,最终可能会给当事人造成严重伤害。从另一个方面来讲,你会喜欢一个拿你的八卦四处传播的同事吗？"看着肥猫连连摇头，影得先生笑了笑，继续说下去，"一个谈论别人八卦的人，往往会给人'守不住秘密'的感觉，所以也就比较不容易获得信任。中国有这么句老话：'背后莫论他人非。'不仅可以用在职场人际上，更应该作为一个人的处世准则……不过，在职场不能随便说的，不仅仅是八卦，传播和工作相关的各种闲话，更是很重要的忌讳。"

"既然都说了是和工作相关，又怎么能说是闲话呢？"肥猫咬文嚼字地问。

"举个例子，某个项目暂时的效益不是很好，如果部门里的人都说这个项目很快要被拿掉，你作为项目组里的人，会怎么想？"影得先生反问。

"应该很郁闷吧，提不起精神。但既然大家都说要被拿掉了，效益也确实很差，也就只有认了。就是曾经付出的努力想想有点可惜。"

"你看，上级真正的决策还没有出来，你先被人们的猜测搞得没有干劲了，万一上级看好这个项目的前景，想要把它继续下去呢？如果这个项目组的其他人也都真么想，军心就完全被动摇了。这就是和工作相关的闲话最可怕的地方。之所以说它是'闲话'，因为它只是人们没有根据的猜测，或者是来路不明的小道

消息。但是这种闲话有很大的影响力。如果大多数人都这样说，剩下的少数人即使一开始持有不同意见，也会不自主地附和大家的观点。这种现象在传播学上叫做'沉默的螺旋'。这是一种非常可怕的力量，也是深为管理者所重视和忌惮的。"

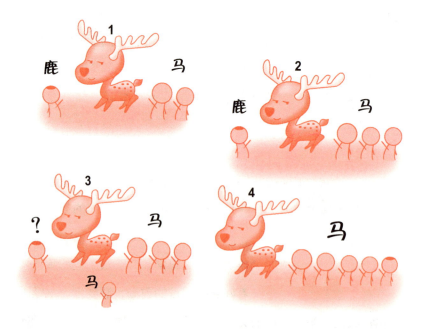

"其实我倒觉得没有必要。"肥猫一如既往地表达了不同意见,"大家会讨论猜测,是因为对工作很关注,这种心态应该还是值得鼓励的。至于后果,没有您说的那么严重吧。"

影得先生思索了一下,扔出另一个问题:"你知道杨修是怎么死的吗?"

"因为太有才华,被曹操找个茬干掉了。"肥猫心说这事儿我六岁就知道了。

"不对,杨修是因为传闲话死的。而且从职场规则上来说,曹操杀他,杀得一点都不冤枉。"影得先生意味深长地说,"看来这个故事你早就听过了。曹操打仗打得很艰难,粮草也差不多没有了,自己知道再打下去也没啥意思,确实是真想撤兵来着。所以看见晚饭里的鸡肋,就把它定成了当晚的口令。杨修也确实非常聪明,从这个小小的兆头就能猜到主公的心思,他错就错在不该说出来。你想想,两军对阵,如果主帅还没有下令撤退,士兵们听了杨修的话心先散了,那后果该是多么可怕。所以,曹操杀了杨修稳定军心,是再正确不过的选择……在职场也是同样的道理,不管你的主观猜测和小道消息多么准确,只要领导一大还没有形成决策宣布,就绝对不能随便传播。很多人就是因为这个被领导干掉的,到最后都不知道自己是为什么死的。"

肥猫沉默了一会儿,抬起头问:"所以,您说的职场人际第一条忌讳，就是不能传闲话吧？不管是私人八卦，还是和工作有关的小道消息，都属于闲话范畴，都不能随便传播。"

"没错，悟性很高嘛！"影得先生笑着说，"我们再来说第二条，不要自以为是，要考虑别人的感受。换句话来说，就是不能不尊重他人。对于这一点，你应该了解得很清楚了。一个对你心存善意的同事，可能会成为关键时刻的救命稻草；一个记恨你的同事，可能会在你掉到井里之后，再往井里扔几块石头。赢得别人善意的方法，除了自己的努力之外，对他人的尊重也非常重要。这一点不再多说了。"

"第三条，不能做滥好人。熊猫阿宝的表现是其中一种，为了能融入大家，背后拿浣熊师傅开涮，这种做法的弊端比较明显。其实在职场当中还有另一种'滥好人'，他们的做法危害更大。"影得先生抿了一口咖啡，问道，"现在假设我是你的同事、你的前辈。肥猫，我突然有点不舒服，想去一趟医院。你能不能帮我把剩下的事情做完？如果我这样说，你会怎么回答？"

"没问题啊。你赶紧去吧，告诉我需要做什么就行了，放心吧。"肥猫想也不想就说。

"瞧，一个标准的职场滥好人的回答！"影得先生抓到了肥猫的把柄，得意地笑着。

"可是，我这样做有什么错吗？"肥猫反问道，"前辈生病

第四篇 影响之阶

了，帮个忙不是很应该的吗？我是个新人，平时可全靠这些前辈引导照顾呢！再说父母、老师不是一直唠唠叨叨地教育我们，年轻人多做些事情是好事，能让自己得到更多的锻炼……所以啊，我怎么想都觉得这么做没错！"

影得先生耐心地听完这一大堆辩解，静静地说："我承认你的想法很有爱心，这点我也很欣赏。但是，你忽略了最重要的一点，我推给你的额外工作，你能不能完成？如果完不成，会造成什么样的后果？如果这些工作你接收了却没完成，导致拖延了整个团队的进度，上级追究起来，这个责任是要你来扛的，而且这样所造成的损失，不是简单的爱心就可以弥补的。"影得先生停了片刻，加重语气强调道，"在职场中，最重要的生存技能之一，就是学会在适当的时候说'不'！只知道接受而不懂得拒绝，这是最糟糕的职场滥好人。"

"好吧，我承认我刚才的表现有点欠缺考虑，请您别介意。"肥猫想了想，闷闷地问，"但是，假如这是平时非常照顾我的一位前辈提出的要求呢？如果唯独不拒绝他，别人肯定不乐意；如果拒绝了，人家平时帮我那么多，怎么说的出口呢？"

"不是说一定要拒绝，但你在答应前至少要问清楚。如果确定自己能够完成，接过来未尝不可，但如果明知做不到，无论是谁也不能答应。答应了而没做到，和明知做不到而拒绝，你认为哪个更糟糕？"

"好吧，我明白了，我以后一定会注意。"肥猫终于信服地点了点头。

"好，那我们接着来看第四条……你刚才没有提到这一点，其实并不奇怪。因为凭我对你的了解,这一条似乎不大可能发生在你身上。"影得先生说,"职场人际禁忌的第四条,就是不能幸灾乐祸。在职场,同事之间存在着激烈的竞争,这没错。但同时大家也是一种类似合伙人的关系,有着显著的共同利益,一荣俱荣,一损俱损。在同一个团队中,这点体现的尤其明显。所以,真正的职场高手,是把同事的才能转化为自己的能量,那些成天想着把能干的同事搞掉凸显自己的人,迟早会被淘汰。"

"第五条,不能刺猬心态……呵呵,肥猫,恕我直言,这条好像跟你有一点沾边。"

"我有吗?到现在为止,所有的同事都说我很好相处呢!"肥猫马上抗议。

"你的性格确实很随和。但刺猬心态，有时候也会体现在考虑问题的方式上。在今天一开始的时候，你告诉我，同事之所以会对你态度反常，大概是因为他们嫉妒你的成绩，这就是典型的用刺猬心态思考的结果……其实，这也不能怪你，初到一个全新的环境中，人的自我保护意识难免会比平时更强一点。尤其是周围人对你的态度没有想象中那么好的时候，也许就更会本能地认为别人都是怀有恶意的。就像一只刺猬，随时竖起自己全身的刺，好像别人随时会来攻击。"影得先生看着肥猫明显耷拉下来的脸，笑笑说，"你不用不高兴。作为一个新人有这种反应是很正常的，并不会很影响别人对你的评价。只不过，如果这种心态保持得太久了，就容易损害到自己的人际关系和工作情绪。其实，要克服它也没什么困难，只要有意识地往好的方面想别人，遇到事情多在自己身上找原因就行了。"

肥猫点点头，脸上的表情稍微缓和了一点。

"其实，所谓的'刺猬心态'，主要是指考虑问题时的偏激倾向和狂妄倾向。不当职场中的刺猬，说白了，就是遇事往好处想，别偏激，也别总是抱着怀才不遇的思想。能做到这样，为人处世自然就平和了。"

小贴士　**职场人际的五大禁忌**

- 言行没有分寸
- 不尊重他人
- 幸灾乐祸
- 盲目承诺
- 偏执及狂妄

"可是，我的领导对我的态度也很怪，好像有成见似的。用这些方法也能解决吗？"肥猫又问。

"这个问题，可能要更复杂一点。"影得先生温和地说，"刚才说的这些，都只是一些规律性的技巧，多用在和平级同事之间的人际管理上。上级是一个特殊的对象，跟上级打交道，另有一套游戏规则。"

"天！这么麻烦！说实话，我有时候挺怵跟上级打交道的，总觉得他们想问题的方式跟一般人不一样。而且，因为人家是老大，咱说话办事好像就得加小心才行……所以，一般情况下我绝对不主动接近他们，反正我平时工作中跟他们接触的机会也不是很多，只要把自己的工作做好，让上级看到就行了。"肥猫滔滔

不绝说了一堆，怎么听都有点发牢骚的味道。

影得先生没有马上做出评论，而是问了个看似关系不大的问题："肥猫，你想过管理者和普通员工之间，到底有哪儿不一样么？"

"这个……没想过。"肥猫被问懵了。

"没关系,先看段片子吧。"这一次,影得先生调出的是电影《兵临城下》中的一个片段。

二战期间,斯大林格勒被围,几近弹尽粮绝。虽然封城令早已下达,饥饿绝望的百姓还是聚集在港口,希望能逃出去找条活路。

一条小船靠岸,上面走下一位神色冷峻的高级军官。他受命来扭转斯大林格勒的危难局面,他的名字叫赫鲁晓夫。惊慌哭叫的百姓一拥而上,希望能冲上那条救命的小船。护卫的士兵用枪托猛砸这些手无寸铁的老弱妇孺,惨叫声响成一片。赫鲁晓夫静静地看了一眼,无动于衷地在护卫簇拥下离开,自始至终没有一丝表情。

艰难的局势已让曾经身经百战的军官们几近崩溃。一个老军官一边颤抖着拼命灌酒,一边向赫鲁晓夫诉说自己两个儿子战死沙场的惨状。赫鲁晓夫只是冷冷递过手枪,示意这位军官饮弹自裁。

"无论你们用什么方法,这座城市绝对不能陷落!因为它叫斯大林格勒!用我们领袖名字命名的斯大林格勒!"赫鲁晓夫斩钉截铁地说出这个命令,没有半分转圜的余地。

昔日见惯血雨腥风的军官们站做一排,有的颤抖着低头缄默,有的妄图猜测迎合赫鲁晓夫的想法。只有一位年轻军官发出与众不同的声音:"给他们希望!给他们树立一个英雄的榜样!"

赫鲁晓夫显然被这个提议吸引了,但他的脸上依旧没有笑容,甚至变得更加阴鸷:"那你知道这里有什么英雄么?"

"是的,我知道有一个。他的名字叫瓦西里·扎依采夫,是一名英雄的狙击手。"年轻军官眼睛里闪着兴奋的光芒。

"对于一个新人来说,提到人际管理,可能更多的是想到同事之间关系的管理,却很容易忽略了自己的上级。其实,上级在个人职业发展的过程中具有举足轻重的作用。所以,记住你不仅要管理好和同事的关系,更要管理好和上级的关系……打个简单的比方,再好的车没有油也是开不动的。在职场里,每个员工都是车,领导的支持和握在他手里的资源才是油。也许你很出色、很有能力,但是如果可以利用的资源基本没有,你的建议领导一概否决,想做出点名堂来基本没有可能,除非你换工作。"影得先生说,"既然想得到油,就得先了解掌握着油的是怎样一种人。肥猫,看了这个片段,你对赫鲁晓夫这位高管,有什么感觉?"

"冷血、强势。"肥猫说的言简意赅。

"你说的没错。赫鲁晓夫的强势在这短短的片段里表现得淋漓尽致。在人心不稳的时候,如果一个领军人物能够临危不惧、镇定自若,起到主心骨的作用,那么往往可以扭转局势。所以,我们会发现,无论是在职场还是在军队,善于危机管理、不畏惧困难、敢于面对挑战的高管,行事风格都和赫鲁晓夫差不多。他们都是具有特殊品质的人,是用特殊材料打造出来的。这种被你评价为'冷血'的品质,其实是管理者不可或缺的素质之一,那就是'坚定',或者叫'坚强'。"

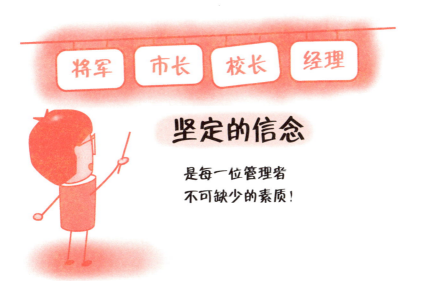

将军　市长　校长　经理

坚定的信念

是每一位管理者不可缺少的素质!

"我还是觉得,和这种人打交道很可怕。"肥猫凝视着屏幕上那个赫鲁晓夫的大特写,"因为他们自身太强悍,所以会给人一种很大的压迫感。而且这样的人,往往对下属也会很挑剔苛刻。"

"你说的没错。"影得先生很严肃地强调,"面对这样的高管,作为一名下属,在执行指示的时候,必须要有不折不扣完成任务的坚定信念。因为他们非常憎恶推卸责任和唠叨难处,讨厌阿谀奉承和油嘴滑舌。他们喜欢的是具有坚决的执行力、不讲条件地完成任务的下属,而不是专会拍马屁或者拍马屁还经常拍到马脚上的人。片中这位年轻军官做得就非常好,他在危机时候不是抱怨现实,也不是一味顺应领导的心思,而是拿出自己的解决方法……但是,仅仅这样还是不够的。领导需要的下属,不是光会出点子的军师,还要是能够拟订具体方案、能把点子付诸实施的优秀执行者。只有这样的人,才可能获得这种高管人员的青睐。或者,说得再现实一点,只有这样的下属,上司才可能为他们提供更多发展的机会。"

"我明白您说的都在理。但是,我还是怵。"肥猫一脸痛苦的样子。

影得先生笑着摇摇头:"怕倒是不用怕,高管又不咬人。其实这里面是有技巧的,掌握了这些技巧,你可能就不会觉得那么为难了……首先,一定要在心里培养和上级搞好关系的意识,这是个基本方向问题。第二,要清楚地了解赢得上级的认可和支持,对我们的工作开展会有哪些优势、会起到什么样的推动作用。想明白了这些,你和上级打交道就有了动力。第三,要想赢得上级的青睐,还必须理解上级具有什么样的特质,是用哪块材料打造出来的,然后因势利导地做工作。正所谓知己知彼、百战百胜,就是这个道理。"

小贴士　领导需要什么样的下属

- 具有坚决的执行力、不讲条件地完成任务
- 危机时候不抱怨、不谄媚,拿出自己的解决方法
- 能够拟订具体方案,把自己提出的建议付诸实施

"明白了,不过要做到这样,还真是个不简单的事情呢!"肥猫感慨地说。

"这就嫌困难了?"影得先生笑着说,"这些都是'显规则',也就是所谓的标准,你只要照着做就是了。要知道,和上级打交道,还有很多'潜规则',如果不小心踩到雷上,可能都不知道自己是怎么被拿掉的。"

和上级打交道
一不小心,就踩在 🧨 上

"不是吧,这么恐怖?"肥猫脸上堆满了极其夸张的惊讶,"要是这样,我还是尽量少跟领导打交道算了,好歹图个省心。"

"肥猫,你想的未免也太简单了吧!"影得先生开玩笑似的说,"职场是大家一起做事的地方,你以为只要不主动去找领导谈心,他就会自动无视你这号人,跟你老死不相往来了?工作中的接触肯定是避免不了的。哪怕只是交办任务和汇报进度这样的小事，如果不加以注意，也会严重影响领导对你的印象。"

"如果只是这些接触，我应该没什么问题。咱就本着谦虚谨慎、直言不讳的态度，努力做事、有一说一，难道领导还能挑出毛病来吗？"

"这还真不一定……这样吧，我出几道题考考你。看看碰到这样的情况，你的处理方法是不是合适。"影得先生想了想说，"假设最近，你竭尽所能才完成一份报告，而且自己觉得这绝对是一份杰出的报告。但你的上级在看完后对你说，肥猫啊，你这份报告的数据部分显然不够完整，这怎么能行呢？但是你认为，即使数据有点小瑕疵，也不影响整份报告的质量，上级实在是有点挑剔。在这种情况下，你会怎么处理？"

"也许，我会向他说明我的真实想法吧。当然不是当面说他挑剔，但是我会说明这份报告的重点所在。"肥猫回答说。

"呵呵，很遗憾！如果这么做，除非你的上级是个很大度的人，否则肯定会对你有些不满的……合适的行动是，请上级指出数据不够完整的地方，并设法加以修改。"

"为什么呢？他的观点可能也是片面的啊，或者有些问题他可能暂时也没有意识到啊，我把自己的想法直言不讳地告诉他，其实也是一种提醒，有什么不妥么？他说有问题，也不管是不是真的有问题,就让我拿回去改,这不是很不公平吗?"

"没有什么不公平。因为做好这份报告,本身就是你的职责啊。尽管你不认为报告的精华在于数据,但别忘了,你这份报告是做给上级看的。所以,只有了解了他的期望和需求,针对他的观点进行改进,把事情圆满解决,这才是作为下属应该有的态度。"

影得先生停下来,让肥猫稍微消化一下这段话,又接着解释道,"当然,在这个基础上,你还可以请上级就数据不够完整之处,指示相关的方法,以便遵循。不过这也要看具体的情况和环境。比如,许多公司有个不成文的职业规则,那就是'尽量不去麻烦自己的上级'。这在日资企业里表现的尤其明显。写报告是你的本职工作,出了问题,当然应该由你自己想办法解决。如果这都要上级手把手教你,你的上级可能就会认为,你是个只会给他添麻烦的不称职下属。"

"再比如,有的领导要同时抓很多工作,对某项具体业务的了解,可能还不如你这个普通员工。如果真是这种情况,你还请他指示方法,你的上级就可能以为你对他不满,故意拿他不清楚的东西为难他,公开跟他叫板挑衅。上级很生气,后果很严重,总之最后还是你倒霉!最郁闷的是你还不知道究竟哪儿得罪了他。"影得先生半开玩笑地说,"所以,好学好问、谦虚谨慎是好品质没错，但不是在任何时候都合适。尤其在自己的上级面前，先按照要求做好本分才是王道。"

肥猫眨巴着眼睛沉默了一会儿，说："好吧，我明白了。万语千言化作一句话——按领导说的办。这样总归是不会错的。"

"嗯，有长进。"影得先生赞许地点点头，"虽然从表情上看，你说这话时的态度还有待商榷，但这句话本身是很精辟的。在职场中，因为下属和领导的立足点不一样，对同一个问题的看法经常会产生分歧。在这种情况下，一个职业化的下属，通常会先假定上级的观点是对的。这是职场中一条很重要的行事原则。"

"好，下一道题。假定一个礼拜前，你的上级没有事先通知你，就直接指示你的下属执行一项新任务；几天后，你从下属那里知道了这个情况。谁知，还没来得及做出反应，就又出了新状况。前天，你去拜访一位你负责的客户，客户告诉你，你的上级前两天和他洽谈了一个新项目，而你事前根本不知情。肥猫，对于上级的这类做法，你会怎么处理？"

肥猫想了想，回答说："我会委婉地跟上级请示一下他的意图。毕竟，这是我的项目、我的客户，他这样越级，我在工作中会有困扰和顾忌的。"

"在这种情况下，除非上级有指示，否则不要介入这两件事。默不作声，静观其变，这才是明智的做法。"

"为什么？如果事情是我做的，我当然可以负责。现在他越级指挥，万一出了问题怎么办？再说了，上级既然要自己指挥，一开始就自己做不是更好吗？先交给我，半路不打招呼就拿回去，这算什么？"肥猫一如既往地质疑着。

"对于这种事，你不妨先静静观察一下，慢慢了解上级的真正用意。其实，上级也许知道目前你也了解两个案子的情况，或许他也正打算跟你协调沟通。如果你先贸然找上级兴师问罪，绝对不是聪明的做法！退一步说，就算上级摆明了是要通过这种方式把你'架空'，你这么直接顶上去，也解决不了问题，反而会使事情更糟糕。其实，你大可不必无奈于上级的越级指挥，也没必要无法容忍部下的越级报告，你最好还是先从与部下建立回馈系统着手。在这种情况下，你管理的重点应该仍然是部下，而不是上级。只有这样，才是最稳妥有效的。"影得先生平静地说。

"前两道题的回答都不太理想，肥猫，要加油哦！"影得先生继续说出第三道题，"假设你和上级一起出席会议。总经理在听完上级的报告之后，比较不满意，面带疑虑地要你做补充。事实上，上级的报告中的确有不少遗漏的地方，而且你也确实准备了充分的资料。这个时候，你会怎么办？"

"说实话，这事情挺难受的，不说得罪总经理，说了得罪上级。我可能会尽可能简略地作补充吧。"肥猫说，"我觉得这种场合如果说的太详细不合适，摆明了是给自己的上级难看。象征性地少说一点可能好些。"

"不能说得太详细,你这个观点是对的。不过这样做也会有个问题,你认为上级遗漏的地方,未必与总经理疑惑的地方一样。如果盲目地按照你想的说,很可能让上级尴尬的处境雪上加霜。所以你必须先询问,弄明白总经理的疑问到底在哪儿。需要注意的是,你在态度上应该先表明上级的报告没有任何问题,以坚决和上级站在同一立场作为出发点。同时还必须注意,'补充'这两个字是上级对下级或者平行单位的用词,在上级发言之后要你补充时,千万不能使用'补充'这个词,可以用'延伸'代替,免的让上级觉得你'功高盖主'。而且如果你的发言和上级观点有所差异,就会留给别人你们部门成员之间默契不佳的印象，这也绝对不是你的上级愿意看到的。注意了这些，一般来说，你就能既达成总经理的要求，又不得罪上级了。"

"天啊，这也太……太有技术含量了吧？"肥猫问，"如果当时我没想那么多，做的不是像您说的这么完善，又会怎么样呢？"

"两种后果。要么被你的上级暗自记恨——除非他是万里挑一的胸怀宽广，但我建议你最好别抱这个期望；要么你就自觉一点，事后去找他道歉，争取减刑宽大。"影得先生笑着说。

"最后一个问题。如果你的上级和上级的上级发生冲突了，而你又偏赶上命不好被夹在中间，这时候应该怎么办。"影得先生笑得颇有一点狡猾，"假设你的上级最近在一些事情上和总经理有了很大的冲突；几天前，你还亲眼看见他们在部门会议中针锋相对地激辩的壮观场面。今天一大早，总经理找你聊聊最近的工作，无意间聊到你的上级，他看似无心地问你，'肥猫啊，你对你上级的感觉怎么样啊？'这时候，你会怎么做？"

"领导之间的冲突是肯定不能提的，那根本不是下属该过问的事情，即使知道也要装不知道。"肥猫摇头晃脑地说，"不过即使这样，也还是个麻烦事。说上级的优点吧，总经理肯定不高兴；说上级的缺点吧，总感觉像势利小人的行径，内心深处比较

不齿!而且,万一让上级知道了怎么办?"

"你说的没错。说上级的缺点,眼下似乎能讨好总经理,但是从长远来看,麻烦多多。首先,总经理即使当时比较高兴,之后也保不齐会觉得你这人太反复,不可靠,不会给你真正的信任;另外,别忘了,万一哪天总经理和你的上级言归于好,他再无意间和上级提起你说过的话,你才是猪八戒照镜子——里外不是人呢。"影得先生慢慢说道,"我们刚说过,'背后莫论他人非'。具体到和上级的关系上,就是'永远不在别人面前批评上级'。"

"可是,就这么赤裸裸地夸上级的好处,是不是会让别人觉得太走狗了?况且也实在不太好说出口啊。"

影得先生大笑起来:"哈哈!没人让你扮走狗。而且在职场里,一身走狗言行的人确实是最招人烦的。这件事最有技巧的地方就在于,对上级的优点,你需要用具体事情来说明。比如你可以这样说——"影得先生模仿着肥猫的语气说,"'经理,我刚来这儿不久,跟上级直接打交道还不多。不过他前段时间办了这么一件事,让我觉得这人还不错……'用事例说话,可以让你的观点更客观中肯,总经理即使不是很满意,也说不出什么来。而且,以具体的事实赞赏上级的优点,在'你好、我好'的职场人际规则下,你也一样会得到上级的肯定。如果你这样处理,这个问题也就不是问题了。"

小贴士　和上级打交道的"潜规则"

- 学习站在上级的立场,用上级的观点着手任何事情。
- 让上级能始终参与,了解全貌。
- 永远不在别人面前批评上级。
- 用"延伸"来代替"补充"。
- 对上级的上级所交办的事项,上级如有不知,一定要立即汇报。

- 除非上级有徇私舞弊的不法行为，否则不要越级报告。
- 永远在上级的上级面前，诚心地赞美上级。

"所谓'潜规则'，只是人际交往中的一些小技巧，它可以帮助你在一定程度上减少和上级的摩擦，却不能代替你的真实实力。"影得先生强调，"所以，对这些小技巧，有必要加以掌握利用，但不能过分依赖它。而且，要在一件事上说服你的上级，并不是只靠这些小技巧就行的。"

"说服上级？"肥猫有点惊讶地说，"听起来是个很艰巨的事情。"

"其实，在职场里，要说服上级的时候有很多。比如，你真的进了项目组，并且在其中单独负责一个板块，就少不了要跟上级打交道，请他批准一些计划啦，从他手中争取一些资源啦，诸如此类。"

"您说的这个问题，我真的还从来没有想过……资源这些东西，不是上级主动分配的吗？难道还需要我们自己去争取吗？"肥猫睁圆了眼睛，惊奇地问。

"当然需要争。"影得先生有点无奈地笑着，"每个领导手里资源都是有限的，所以他只会优先使用在他认为重要的项目上。怎么才能让领导觉得你的项目就是重要的那个呢？就得靠你去跟他沟通,抢在别人前面说服他……不过你要知道,管理者是用特殊材料打造成的,他见过比你多得多的世面,承受着比你大得多的压力。想要说服他,不是那么容易的事情。要想得到上级的支持,必须了解上级的详细情况,知己知彼、百战百胜就是这个道理。"

"您说的这些听起来很有道理,但是有点太深奥了……您能不能告诉我,具体应该怎么做呢?"肥猫有些着急地追问。

"咱们先看一段片子,看完你就明白了。"这一次,影得先

生使用的是电视剧《乔家大院》里的一个片段。

老板乔致庸在小学徒高锐的陪同下到湖州贩丝。眼前兵荒马乱的景象让乔老板感到非常的郁闷。小学徒高瑞看在眼里，抓住时机说："这个时候大家都在抛，而我们吃进，然后找到不是兵荒马乱的地方卖出，我们不是挣钱了吗？"果不其然，老板动心了，高瑞赶紧把早就想好的思路和解决方案双手奉上，又很实际地提出可能存在的风险。一席话说得老板心情大好。最终，收购建议得到认可，高瑞如愿以偿地拿到了乔老板的授权。

"怎么样，看出说服上级都有什么门道了吗？"看完片子，影得先生问肥猫。

肥猫思考了一下，然后很诚实地摇了摇头。

"这也难怪，新人一般确实对这类问题考虑得比较少。"影得先生笑着安慰说，"其实，高瑞说服乔老板，一共用了四步。这高氏说服四步曲很精辟，在现实中我们完全可以拿来照用。第一步，呈现事实。要让上级清晰地看到目前状况是什么。说起来容易，但是做到这点很难，因为太多的老板和领导习惯于坐在办公室里，你想要说服他，只有把他拉到你所熟悉的那个现场环境里，他才会有所感触。"

"第二步,挖掘上级的痛苦。上级的痛苦中往往蕴藏着你的机会,解决了上级的痛苦,你也就获得了他的认可。影片中乔老板看到到处兵荒马乱,自己的满腔热情受到了冲击,感觉很郁闷。高锐很聪明,知道这是最好的时机,于是赶紧实行他的第三步计划。

"第三步,提供解决方案。好不容易把上级的痛苦挖掘出来了,这时候上级就会认为你很理解他。但是你自己要明白,理解他不是你的最终目的,你的目的是把自己变成不可或缺的重要人物,或者是得到你想要的东西。所以,光是心灵上的理解还不够,还要用实际行动地表现对上级的理解——提供解决事情的方案。

"第四步,达到目标。这是非常关键的一步。要明确告诉上级,事情如果成功会得到什么好处;如果失败,会造成什么样的影响,怎样解决补救。这叫做底线。只有清晰地告诉上级底线,才能帮助他决策,让他信服你。最终赢得授权也好,获得资源也好,总之是你顺利达到了目标。"

肥猫没有说话,很仔细地把每一条记下。

"好!最后还是请你来总结一下,和领导打交道,都要注意些什么。"影得先生向肥猫做了一个"请"的手势。

"第一,要和上级和谐相处,建立正常、良好的上下级关

系,一定要有强烈的这种意识,千万不能当看见领导就躲的下属。第二,准确了解上级的特点,包括他的工作特点、为人处事的特点、生活方式的特点、个人言谈举止的特点等。然后,采取有针对性的方法,根据具体特质的不同去构建与上级的关系,进而赢得上级的理解和支持。第三,作为下级,要赢得上级的理解和支持,就要在向上级报告工作时,依照呈现事实、挖掘痛苦、提供解决方案、最终取得授权的顺序进行。"肥猫一条一条说得很分明。

"很不错!消化掌握了今天谈到的这些,你在职场中的人际烦恼应该就没有那么多了。"影得先生微笑着,说出那段几百年不变结束语,"今天先到这里,期待你新的好消息!下周见!"

第五篇　成就之阶

寻求幸运和幸福的路径

每个人都是自己的英雄！
每个人都有可能成为幸运儿！

【三大观点】

观点一：每个人都有可能成为幸运儿，却不是每个人都能幸福
　　　　——我奋斗是为了什么？

观点二：幸运没敲你的门，是因为你还没铺好迎接她的路
　　　　——什么不提拔我？

观点三：每个人都是自己的英雄！
　　　　——你了解自己很与众不同吗？

【关键词】

被重用　　自己的优势　　三多精神　　四大明白

周六上午,肥猫按时来见影得先生。

肥猫的状态很不错,一副很自信也很有干劲的样子。影得先生注意到了这一点,笑着大声打招呼:"上午好!肥猫!看起来,这段时间你过得很不错!"

"没错。说起来真的要谢谢您!我自打工作以来,还从来没这么开心顺利过。"肥猫脸上的笑容很灿烂,这是内心快乐的人特有的笑容,"工作很顺利,同事和上级也很好。说老实话,工作压力还是不小,并且随着新项目的推进,各种挑战变得越来越多。但是这样反而让我感觉到了自己的力量和价值。我现在整个人都很兴奋,甚至很期待去面对工作中的事情……天啊!如果换做是几个月之前,打死我也不相信自己会说出这样的话。这都是多亏了您,真的谢谢!"

"不用客气！祝贺你！"影得先生谦和地笑着，"我很高兴看到你的改变。我想，在职场里，现在应该已经没有什么事情能够击倒你了。只要你愿意，大可以把现在这个很棒的状态无限制地保持下去。我真的很高兴看到这样的结果。"

"但是，我想我还是有个问题要麻烦您。"肥猫直言不讳地说，"我想转换一下我的职位。"

"怎么？你不是做的很顺利吗？"影得先生有点诧异地问。

"确实很顺利，待遇之类的也没什么可抱怨的。只是，这其实不是我真正喜欢的工作。"肥猫很很认真地回答，"我希望从事一些自由度高的、创造性的工作，这是我一直以来的梦想。以前之所以一直没有说，是因为那时候我连生计都成问题，根本顾不上考虑这些。但是最近我想清楚了，觉得还是应该趁着年轻去尝试，即使失败了，至少等老了再想起这事不会后悔。"

影得先生静静地听完肥猫的话，点了点头，又问："那么，你现在最想了解的是什么呢？"

"我想知道，在职场中，如何让自己获得更多的机会。"肥猫说。

"嗯，我明白了。"影得先生思索了一下，"我们聊过，在职场，机会多是把握在老板的手里。那我们就先来看一看，老板会重用什么样的人。"

影得先生打开电脑，调出了热播剧集《乔家大院》中的一段。

马荀是乔家"复盛公"票号的一个跑街小伙计，为人聪明、仁义又能干，铺面里六七成的生意，都是经他手操办的。

这一年，老板乔致庸倒高粱没算计好，差点全砸在手里。好不容易用计把仓库里积压的高粱都销出去，乔致庸一口长气刚舒了一半，马荀拿着一枝生了虫的高粱穗冲进来："东家，咱的高粱能不能先别全卖出去。我在路上发现，今年的高粱都生了虫子，来年一定价钱大涨……我跟大掌柜说了好多次，他不同意，我只能来找您。"就因为这件事，当伙计按照惯例出师辞号的时候，老板乔致庸找了个借口，刻意留下了马荀。

重视之后，便是一系列的考验。乔致庸将一笔收不回的烂账交给马荀处理，马荀想了个折中的法子，既给那个欠债人留出条活路，又为"复盛公"寻得一处好铺面。当众人都对马荀交口称赞时，老板乔致庸却意味深长地说了一句："试玉须经三月烤，辨人须待七年期。"

不久之后，乔致庸突然问马荀，对发展"复盛公"有什么主意。马荀提出了一套极有雄心又利于执行的方案，要将整个内蒙古草原变成"复盛公"的铺面。乔致庸这才下定决心，将马荀破格提升为"复盛公"的大掌柜。

新官上任,马荀做的第一件事,就是开掉几个中饱私囊的掌柜,将德才兼备者量情擢升。与此同时,他又打着老板乔致庸的名义增设新店规,奖励那些曾为"复盛公"做出突出贡献的掌柜,抚慰了民心。老板乔致庸对此极为满意。

"肥猫,看了这个片段之后,你能不能试着总结一下,小伙计马荀身上,究竟有哪些让老板看重的品质?"影得先生问道。

"第一,马荀虽然只是个小伙计,实际上却是公司的核心人才,70%左右的业务,都是经过他手办理的。第二,马荀对工作很细心也很上心,能注意到小小高粱穗里的玄机,并且由此推断出来年高粱的价格。第三,他很忠诚,有一股死谏的执着,即使在提议被大掌柜驳回的情况下,也不轻易放弃。第四,他很踏实,当了十年跑街伙计,明知有其他公司要挖他,却还能一心一意做好自己手头的事情。第五,他不仅聪明,而且有德,不管是对还不起账的穷人,还是对一时失足的前任大掌柜,都表现出了仁爱和仗义。"肥猫总结出了五点。

"不错!"影得先生赞扬说,"一下子就能看出这么多,很不容易。还有三点,我来补充一下……首先,他很有雄心,并且有策略有思路。一个好老板,不喜欢只会跟在自己身后的兔子员工,他喜欢像自己一样有大局观,关键时候能提出可行性创意的员工。其次,他很仔细,关注细节,能够从别人忽视的现象中看出问题。第三,他有担当。敢作敢当是好下属的一个共同特点,挨骂的事情要敢于自己扛下来,受人称赞的好事要留给自己的老板。这一点马荀做得也很到位……总之,身在职场,一定要弄明白,拥有什么样的品质容易受到老板重用。这可以说是一种生存技巧,也可以说是职业人自我完善的一种途径。"

小贴士　员工身上容易获得老板青睐的品质

- 上心、用心、公心
- 看到别人看不到的，做到别人做不到的
- 锲而不舍，敢于直言相谏
- 核心人才，不可或缺
- 踏实而且聪明
- 善良，有仁爱之心
- 有思路、有雄心、有忠心
- 敢于担当

"肥猫，你已经明白了怎样做容易得到机会，下一步打算怎么办？"影得先生饶有兴致地问。

"我想……首先应该给自己确定一个可行的目标。"肥猫马上回答说，"能不能请您告诉我一种方法，把抽象的梦想转换成可以执行的规划？"

"确实有这样的方法。"影得先生打开手提电脑，调出一份文件，把屏幕推到肥猫面前。

七步确定你的目标

第一步：分析你的需求。放开思维，写下十条在未来五年中你认为自己应该做的事情。一定要确切，不要顾虑哪些是自己可能做不到的，尽量在头脑中给自己一个充分而理想的空间。

第二步：明白"我在哪儿"。试着分析你自己的性格、所处环境的优势和劣势，这一步所得出的结果，就是你职业现状和位置的基本概括。

第三步：确定长期的和短期的目标。

第四步：明确阻碍。确切地说，写下阻碍你达到目标的缺点和所处环境中的劣势。这些缺点一定是和你的目标有联系的，而不是自己所有的缺点。他们可能是你的素质方面、知识方面、能力方面、创造力方面、财力方面或是行为习惯方面的不足。当你发现自己不足的时候，就下决心改正它，这能使你不断进步。

第五步：提升计划。要明确，要有期限。你可能会需要掌握某些新的技能，提高某些技能，或学习新的知识。

第六步：寻求帮助。有外力的协助和监督会帮你更有效地完成这一步骤。

第七步：分析自己的角色。制订一个计划，明确你要做什么。这样你就有了一个初步的职业规划方案。如果你目前已在一个单位工作，对你来说进一步的提升非常重要，那么，你要做的就是进行角色分析。反思一下这个单位对你的要求和期望是什么？做出哪种贡献可以使你在单位中脱颖而出？大部分人在长期的工作中趋于麻木，对自己的角色定位并不清晰。但是，就像任何产品在市场中要有其定位和卖点一样，你也要做些事情，一些相关的、有意义和影响但又不落俗套的事情，让这个单位知道你的存在，认可你的价值和成绩。成功的人士会不断对照单位的投入来评估自己的产出价值，并保持自己的贡献在单位的要求之上。

"不用抄了，也不用现在就刻意记住。我回头发到你邮箱里。"影得先生笑着对肥猫说，"这只是一套基本的流程，给你作为参考的。你不要拘泥于这个东西。最好还是按照你自己的情况，有针对性地来做。"

肥猫点点头，突然像想起什么似的，问道："我自己的情况？……每个人的情况都不一样，使用这套目标流程的标准也会不一样吗？"

"这是一定的。再完备的标准，如果具体到每个人身上，也是需要活学活用的。一般来说，要想准确地找到自己的目标和定位，就应该首先知道自己的优势是什么……肥猫，你能马上说出来，你自己的优势是什么吗？"

面对这个简单的问题，肥猫竟然支吾了半天，最后说："好像应该有一些，但是又说不准……我还是新人啊！很多东西都还没有被证明呢，所以不太好说……"

影得先生笑了："你的优势，是你本身特质的一部分，跟新人旧人没什么关系……不过，有的人优势已经显现出来，所以很容易发现；有的人优势还深深隐藏着，可能连他自己也不知道，这种找起来就比较麻烦了。"

"连自己也不知道的优势,也能叫优势?"肥猫一本正经地问。

"当然!别小看这种隐藏的优势,它其实是一把钥匙,一把开启你无限潜能的钥匙。"

"开启无限潜能……恕我坦率地说一句,您这话,听起来有点玄。"肥猫摇摇头。

"别不信,看段片子你就明白了。"影得先生调出《功夫熊猫》中的一个片段。

恶魔太郎越狱了,随时可能来报仇!这个消息让武术史上最菜的神龙斗士——熊猫阿宝彻底患上了焦躁症。而阿宝心情不好时只会有一个表现，那就是吃、狂吃。于是，这个武林圣地的厨房，遭遇了前所未有的浩劫。

万念俱灰的浣熊师父被阿宝搞出的响动吸引过来。在一片狼藉的厨房里，浣熊师父突然发现，阿宝为了拿一块饼干，竟在转瞬之间跃上了十尺高的房梁，并且在不经意间做出极为标准的一字马！

天，这绝对是高手才能做到的事情！但是这只肥熊猫竟然真的做到了，而且只是为了拿到一块饼干。浣熊师父豁然开朗，他找到了让阿宝迅速蜕变为大侠的不二法门。

靠着饼干、包子、煲仔饭等另类教学工具，阿宝真的练成了一身本事。但是，由于先天体型因素的限制，在与恶魔太郎争夺神龙卷轴的紧要关头，阿宝还是无比吃力。危急时刻，阿宝毅然将挂在房檐的神龙卷轴想象成一块巨大无比的饼干，奇迹出现了，阿宝以连猴侠都要自叹不如的敏捷身手，率先夺得了神龙卷轴。

按下暂停键，影得先生意味深长地说："每个人都有自己渴望的那块饼干，要想发现自身的优势，就先要找到这块饼干……肥猫，你的那块饼干在哪呢？"

"我明白您的意思了……但是，我真的不知道该怎么找。我觉得，这里面应该是运气起的作用大一点，熊猫阿宝能够找到他的饼干，也是瞎猫碰上了死耗子。"

"其实没有你想的那么困难。"影得先生笑着将两人的杯子续满咖啡，"简单来说，你只要搞明白四个问题。"

"四个问题？"肥猫专注地睁大眼睛。

"在什么事情上你总是能表现得最突出？在什么事情上你最有天分，一学就会并且能触类旁通？在什么事情上你最有兴趣，总是想去了解和探索？什么事情让你最喜欢，即使在很高的强度下做了很久，也会不觉得疲倦和枯燥？……这就是那四个问题。不仅要拿来问自己，还要问亲朋好友、父母兄弟。总之，所有了解你的人提供的答案，都有很重要的价值。将所有这些答案汇总一下，得出的结论，就是你的优势所在，就是你独一无二的那块饼干。"影得先生耐心地说。

肥猫点点头，把这四个问题的要点记在本子里：表现最突出的事、最有天分的事、最有兴趣的事和最喜好的事。

"找到自己的优势，只是自我职业探索的第一步。接下来，就要用这些优势打拼自己的江湖了。"影得先生笑着说，"不过，我想还是应该提醒你一句，在着手之前，一定要想明白自己要的到底是什么，千万别用自己的人生去追逐别人的香格里拉。"

"别人的香格里拉，那是什么？"肥猫似懂非懂地问。

"如果把人生比喻成一段旅程,那么人注定总是因为梦想而前行的。有梦想,才有不断前进的动力。而在探索的途中,每个人会都发现自己的香格里拉。那就是自己人生的终极目标和最大意义。只不过,有的时候这个香格里拉是别人强加给你的,只是你自己意识不到,还会一路去追寻它。只有等到追到了,才突然发现原来自己被骗了。最悲哀的人生,就是一直在追寻别人心中的香格里拉。"

"这怎么可能?"肥猫一脸的不相信,"自己的梦想是什么,难道自己还不知道吗?还会被别人强加?"

影得先生没有反驳,只是如往常一样打开了视频片段:"看了这些你就明白了。"

这一次,是《士兵突击》。

成才,在入伍前是下榕树村方圆百里远近闻名的天才青少年。凭他的成绩,考上大学不成问题,但是为了将来能接村长老爸的班,成才决定当兵入伍。史今来他家家访的时候,成才一席声情并茂却略嫌做作的"小水滴"演说,虽然令敏感率真的史今颇有些不舒服,却迎来乡亲们一致的热烈喝彩。这就是聪明优秀成才,从小被捧大的天之骄子。

进入新兵连,成才一如既往地保持着他的优秀。他很快就被选为副班长,他对许三多说:"我要在这里好好干,做一番大事业咧!……将来咱们就要纵横疆场,戎马一生咧!"新兵受训结束后,他如愿进入钢七连——702师首屈一指的"装甲老虎"。先是凭着优异的成绩被委任为副机枪手,又靠自己的发奋钻研成为团里数得上的优秀狙击手。

成才自以为很精通人际。他的口袋里长期装着三种烟,班长及以上的给最好的烟,副班长给中等的,普通兵给最普通的。甚至面对从来不抽烟的班长史今,他也能变魔术似的从袖子里掏出个橘子递上去。他教育初入钢七连、遭万人嫌弃的许三多:"咋办?处人咧!人是万事之本咧!"但他这点单纯的心机,连白铁皮都能一眼瞧破。

成才很有魄力。为了达到自己的目标,他能够把所有时间都耗在狙击步枪上;他能顶住所有压力,在老七最艰难的时候跳槽离开七连;他能够在老A名额只剩两个的时候,立刻抛开韧带拉伤的伍六一,独自向终点跑去……他做这些,与其说是由于势利,不如说是出于内心的执着。他本来是个纯澈而骄傲的孩子,一直生活在自己内心世界里,并且乐此不疲。只不过,他比许三多之类更加果断决绝一些罢了。

但是,当他信心满满以为自己能够成为步兵巅峰——老A的一员时,袁朗的一席话,像鞭子一样抽醒了他。他突然意识到,自己已经走得太远,丢掉得太多,该去找回自己那些枝枝蔓蔓了。

"成才是一个很优秀的人,一直都是。"影得先生按下暂停键,若有所思地说,"只不过,他一直都没有弄明白自己真正想要的是什么,所以在一开始,他会走一些弯路。"

肥猫点点头,没有说话。

"不过,他进行职位转换时的一些经验,还是很有代表性的。"影得先生突然笑着改变了话题。

"职位转换……您是说,成才的跳槽值得借鉴?"肥猫睁大了眼睛。

影得先生没有直接回答,而是拿出一张纸,写下"换职位"和"换专业"六个字,举到肥猫面前,故意考问:"肥猫,你说这两种转换,哪个该在同一家公司内来完成?哪个该在跳槽的时候完成?"

"当然是换职位在公司内完成,换专业在跳槽时做。"肥猫很快地回答。

"呵呵,大多数新人都会像你这么回答。但是,这是错的!"影得先生一字一句地强调"换专业,要在公司内部解决;换职位,要找别的公司解决。"

"不可能!"肥猫马上反对,"公司把你招进来,就是看中了你所属的某个专业,怎么可能再给你机会做别的呢?"

影得先生笑了,依旧不紧不慢地说:"我们来看看成才吧。他刚进钢七连的时候是装甲车副机枪手,后来就是通过自己的努力和'处人'转成了狙击手,这是专业的变化没错吧?他跳槽到红三连,是为了从普通列兵转为士官,这是职位的变化没错吧?换专业,要在公司内部解决;换职位,要找别的公司解决。瞧人家成才做得多好。"

"可是……这好像和我们平时的习惯完全不一样。一般来说,我们只有在跳槽的时候才有机会改行。"肥猫还是半信半疑地咕哝着。

"也难怪你一时接受不了,因为这确实是普遍存在的一个误区。"影得先生说,"其实,职业转换也有个比较固定的规律。简单来说,就是用专业进入公司,用人脉转换专业,低位进入大公司。"

"用专业进入公司,用人脉转换专业,低位进入大公司。"肥猫认真地重复了一遍。

"对,在跳槽的时候,如果是从小公司往大公司跳,一般是就低,也就是低位进入;如果时候从大公司往小公司跳,一般是就高,也就高位切入。还拿成才做例子。他从团里最牛的钢七连,跳槽到比较普通的红三连,就从列兵升到了士官,这就是就高;他从惨到极点的红三连草原五班跳槽到步兵巅峰老A,就从班长降到了普通士兵,这就是就低。"

"再说说我自己的跳槽例子吧。"影得先生笑眯眯地说,"你能猜到我最初是学什么专业的吗?"

"金融?行政管理?"肥猫说,"还是财会?"

"都错!我是学食品化验的!"影得先生抛出石破天惊的答案。

肥猫极端诧异:"食品化验……这跟人力资源的距离,也太遥远了点吧?"

"没错儿,当年就是靠着一步步的跳槽,我才终于把这两者拉到了一起。"影得先生半开玩笑地说,"职业转换原则第一条——用专业进入公司。毕业后,我在北京一个熟肉制品厂当化验员。专业无比对口,工作也还算得上舒服,就是与人交流的机会太少。上班一段时间后,觉得自己语言功能都要退化了,对于我这种外向型性格的人来说，实在痛不欲生。正巧销售部门周末借调人员去商场促销，我去试了试，发现这个工作非常适合我。于是采用职业转换原则的第二条——用人脉转换专业。搞定了本部门和销售部门的老大，顺利过渡到销售行业，最后在这个熟肉制品厂做到了销售经理。"

"之后，我发现自己遭遇到了玻璃天花板，没有进一步发展的空间了。于是决定跳槽，跳到了前面说过的顶新。从一个小熟食品厂跳到大公司，要本着低位进入的原则，所以我只应聘了销售专员，当然被轻松录取了。

"在顶新积累了足够的销售行业的资历之后，我开始对人力资源感兴趣，觉得培训师这个行业很适合我。于是再度跳槽，本着从大公司到小公司高位切入的原则，成为一家私营小公司的销售总监。做了一段时间之后，我协助老板组建了人力资源部，并且兼任人力资源部的总监，实现了第二次专业转换。

"等到在这个公司把关于人力资源的基础知识都摸得差不多了，发现不能再学到什么的时候，我第三次跳槽，跳到一个国内非常知名的IT公司，本着就低原则成为人力资源专员。在这家正规的大公司里，我学到了系统全面的人力资源知识技能。之后，马上第四次跳槽，到了当时规模还很小的金山公司，成为人力资源总监。从这时开始，我利用假日尝试着进行人力资源方面的授

课。通过一段时间的锻炼和练习,形成了自己的讲课风格和主打品牌后,我从金山辞职,正式成为梦寐已久的培训师。"

影得先生停顿了一下,接着说:"我讲这么多,就是想通过自己的经历告诉你。跳槽不是乱跳的,每一步都应该有明确的目的,并且一定要遵守跳槽的游戏规则。"

早已听得两眼发亮的肥猫,深深点了点头。

> **小贴士**　职位转换的技巧
>
> - 用专业进入公司
> - 用人脉转换专业
> - 低位进入大公司

肥猫想了想，又说："其实，要转换职位并不一定非要跳槽啊，在同一个公司里，如果做得好，不是也可以升职吗？"

"你说的对。"影得先生说，"这就涉及人和职位匹配的问题……你还记得许三多对成才说过，人总在太舒服的位置上不好，对吧？"

肥猫点点头。

"其实，这就是一个人职匹配的问题。"影得先生继续说，"人总在太舒服的位置上不好，是因为人应该总是在自己不能胜任的位置上。"

肥猫脸上呈现出分明的呆滞状态，看来，已经被这绕口令一样的话弄晕了。

影得先生笑了笑，从电脑中调出一份文档，推到肥猫面前。

小贴士　彼得原理

如果一个人做好他的工作就会受到上司的提拔，而后一直往上爬，直到他无法胜任，便停在那个位置上。

一个成就导向型的人在整个职业生涯中将不断在"及格"与"表现优异"这两种评价之间游走，直到有一天他停在"及格"的层级上再也无法突破。

"及格"分为两种：

不具备竞争力，颐养天年；具备竞争力，很快能将工作做到"优异"。

我们除了提拔一个人直到他无法胜任之外，实在没有其他的选择，这是为了让员工朝着更好的绩效努力。

"这是职场中著名的彼得原理，它说明了人和职位之间的关系。"影得先生解释说，"所以，不要总是抱怨压力太大，工作，还是要有点挑战性才好。人如果总是在太舒服的位置上，真的是会退化的。当有一天你跟不上形势而被淘汰的时候，后悔已经来不及了。"

"明白了！"肥猫会心地笑着，"我非常感谢您，帮我适应了眼前这份很有挑战性、很有压力的工作！我一定会努力珍惜，尽量挖掘出自己最大的潜能的！"

"哈哈，如果我是你的老板，听了这话应该非常受用。"影得先生开玩笑说。接着，他播放了一个音频文件，是俞敏洪的一段演讲。

像树一样成长自己

像水一样成就自己

像树一样成就自己：我们每一个人，都应该像树一样成长。即使我们现在什么都不是，但是只要你有树的种子，即使被人踩到泥土中间，你依然能够吸收泥土的养分，自己成长起来。当你长成参天大树以后，在遥远的地方，人们就能看到你；走近你，你能给人一片绿色；活着是美丽的风景，死了依然是栋梁之才。

像水一样成就自己：每一条河流都有自己不同的生命曲线，但是每一条河流都有一样的梦想，那就是奔向大海。我们的生命，有时候会是泥沙，你可能慢慢地就会像泥沙一样，沉淀下去了。一旦你沉淀下去，也许你不用再为了前进而努力，但是你却永远见不到阳光了。所以不管你现在的生命是怎样的，一定要有水的精神。要像水一样不断地积蓄自己的力量，不断地冲破障碍。当你发现时机不到的时候，把自己的厚度给积累起来；当有一天时机来临的时候，你就能奔腾入海，成就自己的生命。

"这是我非常喜欢的一段演讲。"影得先生说，"在职场，成功的路径五花八门，有很多种，不过概括起来大体只有两条。第一条是像树一样，有明确的目标，在不懈的努力中吸收和运用一切可及的资源，最终成为万人仰慕的栋梁。第二条就是像水一样,不去刻意追逐什么,只是沿着自己独特的人生方向,走好每一步,聚好每一滴,不停地前进,最终也能厚积薄发、百川归海。"

"按照您的意思,成才应该是树。他有天赋、有才华、有明确的目标——不管这是不是他自己真实的目标,而且最重要的,他肯为了实现目标而不惜一切地努力。"肥猫接过话头说。

"如果成才是树,那许三多就是水。"影得先生点点头,笑了,"许三多成长的过程,正好就是一个从象牙塔中出来的新人融入社会的过程。"

"真的吗?我看这个片子的时候觉着,许三多其实是个很幸运的人。他碰到了那么多好人,史班长、老马、伍六一、高城、袁朗……"肥猫掰着手指头数出一堆人名儿,"这些人都在很尽心地帮他。如果这些人中有一个不是那么地道,许三多早不知道挂掉多少回了……现实生活中谁能这么幸运?您不是也说过吗,同事之间天生具有竞争关系,团队把不能胜任的弱者淘汰掉是再正常不过的。要是真按照您这个逻辑较真儿,许三多那样的人根本没有生存下来的空间!"

"你说得很有道理。我们不能要求职场迁就弱者,因为那是不现实的。不过,许三多这样的人真的是'弱者'吗?我知道在现实中,这种人看起来很像弱者,因为他们懦弱、没有追求、依赖性强、缺少血性……但这些都是表象，许三多其实代表了一类人，这类人身上最珍贵也最强大的地方，你可能还没有发现。"

影得先生调出了《士兵突击》中的另一段视频。

"许三多"这类人真的是弱者吗？

刚到草原五班的许三多,就用新兵特有的执拗和他自己独有的迟钝,把这个"孬兵的天堂"彻底颠覆了一下:按时出操、整理内务、打扫为生……于是,兵油子们坐不住了,他们联合起来变换着花样刺激许三多,希望他停止这种在他们看来别扭之极的"互相帮助"。

班长老马在民意的压力下找许三多谈话,给他讲了一个故事:"一个狗栏里面养了五条狗,这四条狗呢,按顺时针方向跑圈儿,那一条狗呢,按逆时针方向跑圈儿。后来啊,那四条狗都有人家了,就那一条狗让主人宰了给吃肉了。知道为啥不?就因为那条狗啊,它养不熟……你明白么?"

看着许三多清澈而呆滞的目光,老马犹犹豫豫地说:"呃……我再帮分析分析啊。有的时候吧,你觉得自己是对的,别人做的都是错的,对不?……你也不能太相信自己,你要认为啊,大多数人是对的,那才是对的……"

"明白!"许三多操着浓重的下榕树村儿口音,兴奋地说:"班长,以后我肯定让大家满意!以后咱们班的内务,我全包了!班长你看我行动!"

"哐当",老马把脑袋杵进了草窠子里,半晌之后才又无力地拔出来。他长叹一声,放弃而去。

"班长,我明白了!"许久之后,许三多突然对着老马走出老远的背影大喊:"我就是那条逆着跑的狗吧?"老马的脚步很明显地踉跄了一下。

但是许三多没打算就这样放过他。大雨倾盆,许三多一路追着老马到屋外:"班长,我又想明白了!"

老马满脸一筹莫展:"明白什么?"

"那条狗要是一会儿顺着跑,一会儿逆着跑就好啦……因为那条狗反正都得跑圈,这样我觉得比较有意思一点,也不容易晕……班长,这样那条狗还可以向另外几条狗学习。"

老马无语片刻,吼了一句:"就那几条狗有什么值得你学习的啊?!"然后气呼呼进了设备室,并"嘭"地一声带上门。

许三多站在雨中想了一会,把设备室的门推开一条小缝,小心翼翼地朝里喊:"班长,我又明白了!……打牌不好。"

老马这回愣住了,若有所思。

"许三多说的这四个'明白了',你看懂是什么意思了吗?"影得先生按下暂停键,笑着问肥猫。

"第一个明白了,显然是自以为明白了,其实根本没明白。"肥猫回答说,"这个时候的许三多,还带有浓厚的迂腐气息,什么都想往高大全的理论上靠……说第二个明白的时候,许三多看起来挺受伤的,应该是意识到了自己和现实的不同,有点痛苦和抑郁……直到说第三个明白,才算是跟真的明白沾边儿了,意识到现实里有很多自己左右不了、改变不了的事儿,甚至想在一定程度上向现实妥协了——一会儿顺着跑、一会儿逆着跑嘛!既想不显得自己太特殊,又想在一定程度上保持着自己的味道……第四个明白才是真真正正的明白了。打牌不好,现实中别人打不打我不管,也管不了,但是我自己要有这个是非的观念,一定要有。"

"不错,很精彩!"影得先生赞许地说,"其实,许三多对这个故事的四层理解,刚好就是一个新人融入职场的四个阶段。第一阶段,刚从象牙塔出来,基本上是活在自己理想中的世界里,什么都想往那里面靠,靠不上的就自动忽略。第二阶段,碰了几个钉子之后,开始有点醒过来了,知道自己和职场之间还存在差异,至于这些差异具体是什么?还说不好。以后怎么办?也还没来得及想。"影得先生点燃一支烟,兴致勃勃地继续说,"第三阶段,在职场中看到的、听到的都不少了,只不过还都是感性认识,没有来得及分辨好坏,但已经意识到自己应该想办法融入职场了,于是主动向周围的前辈学习。第四个阶段,开始思考自己的是非观和原则,明白什么该干什么不该干,过了这个阶段,基本就是一个比较成熟的职场人了。"

  影得先生吸了口烟，继续说："其实，大多数人刚刚进入职场的时候，都是许三多这个样子。会找不到方向，会感到自己土土的、傻傻的，基于对环境的畏惧和警戒心理，不愿意主动跟人沟通，干什么事情都底气不足，总是觉得自己会受到伤害，总是觉得自己和环境格格不入……从这个意义上来说，每个人都曾经是最初那个讨人嫌的许三多。但是在这个群体里，有些人把自己封闭起来，不再尝试、不再努力，永远是一副窝窝囊囊、混吃等死的样子；还有些人走完了这四步，尽管过程可能很痛苦，但是最终找到了自己和现实环境对接的那个平衡点，继续发展下去，成为后来的那个'兵王许三多'……许三多说过，他每换一个地方，都像死过一次似的。这个'死一次'的过程，就是融入新环境、找到自己新的位置的过程。不管是在军营还是职场，这是每个人都无法逃避的。"

小贴士　**新人在观念上融入职场的四个阶段**

- 几乎无视现实，活在自己的世界
- 开始意识到自己和现实世界的区别
- 努力与现实融合，甚至出现妥协倾向
- 在现实中树立自己的原则和是非观

"其实，和成才相比，我并不是很喜欢许三多。"肥猫说，"我承认他的很多行为非常让人感动，而且他确实做到了常人做不到的事情。但是，他本身并不是一个有理想的人，他甚至连一个基本的目标都没有，这样的人，纵使他肯为了环境而改变自己，也是迫于无奈的行为。反正我总觉得，这种人太过软弱和依赖了。"

"你说的也许有道理。但是，并不是每个人都能那么优秀的。有些人没有洋溢的才华和出众的魄力，但他们往往有另一项天赋，那就是能踏实做事的坚持的力量。所以这种人也具备成功的条件。甚至有的时候,他们的成功并不逊于像成才那样的天才选手。"影得先生说,"这样说你可能会有点难以接受,那我们再看一个许三多的例子。"

"是骡子是马?拉出来遛遛!"新兵连连长高城,用他一贯的极其爷们儿的语气,吼出了这句话。也就是从那时候开始,许三多明白了自己和别人的差距:如果说成才是最早闪光的天马,他自己就是最早露怯的土骡子。

从迈进军营的那天开始,许三多就经历了一道道的"坎",每个"坎"看起来都很难逾越,如果只是甘于沉沦,那么他也就是湮没在茫茫兵海中,成为一个真正的无名小卒,混完服役期,最后打背包走人。但就是许三多,这个可能连"机会"是什么意思都说不明白的呆子,竟凭着自己仅剩的执拗和坚持,把每个坎都变成了一次成长的机会,最终借此实现了自己从"骡子"到"马"的转变。

新兵训练期结束后,许三多毫无悬念地被分配到"孬兵的天堂"——草原五班。这里的兵内务不修,军容不整,每天靠打扑克混日子,因为地处偏远,连电视都只能看到每日不变的经典节目——"大浪淘沙"。在这里,许三多几乎是下意识地坚持着每一件正常军人应该做的事:出操、内务、踢正步……最绝的是,他竟靠帮助别人整理内务,狠狠整顿了这帮懒散惯了的、连指导员都束手无策的老兵油子。于是,许三多遭到了枪口一致、花样繁多的猛烈抵抗,直到班长老马被他缠得暂时性精神失控以致口不择言,下达了一个修路的"命令"——修一条当年三十个兵都没能修成的路。

之后的半年多的时间里,许三多开始了他一个人的修路历程。没有人过来帮忙,添乱的倒是不少。但是,傻子许三多愣是对周围种种抵触情绪和抵触行为视而不见,快乐而执拗地坚持着,满脑子想的只有"好好活,做有意义的事"。他从不与身边人比较,因为他知道,他能超越的只有他自己。

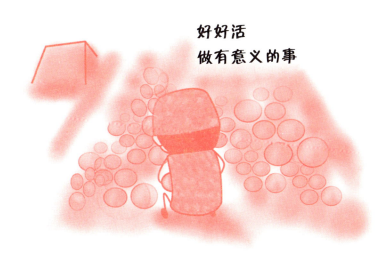

好好活
做有意义的事

日复一日听着外面敲石头的声音，兵油子们抓狂了，昔日玩惯了的各种消遣突然变得面目可憎，他们开始烦躁、骂街、手足无措。但随着时间的流逝，他们竟在不知不觉间被许三多感动了，他们开始审视自己，也审视彼此。直到有一天，他们一齐恍然大悟地说："我们为什么就不能去修路呢？"

于是，全班都投入到这项"声势浩大"的修路运动中，一条从宿舍到哨所的路铺了起来，一条让许三多从草原五班到钢七连的路也铺了起来。

"许三多就像一名刚刚步入社会的职场新人，什么都不懂，经常犯错误，但他积极向上，爱好学习，做事执着。许三多也曾失落过、迷茫过，但更多的是不服输。他把每一件小事都做得不平凡，完成了人生的转折，从一个懦弱的农村孩子成长为一名出色的特种兵。"影得先生笑眯眯地问，"肥猫，你不妨设想一下，如果不断地面临绝境和遭受打击，这时你会不会更倾向于投机取巧？这就是大部分人和许三多的距离。"

"我承认，我可能做不到像他那么有原则和能坚持。但是您不是也说，人注定总是因为有梦想而前行吗？对于这样一个没有梦想又没有创造力的人，我真的看不出他有什么值得学习甚至模仿的地方。"肥猫还是坚持自己的意见。

"你说许三多没有明确的梦想,这也许是对的,但如果说他没有创造力,就真的不太合适了。草原五班的那条路、后来钢七连的那么多成绩,不都是他创造出来的吗?"影得先生说,"许三多在整个剧中,没有表现出什么远大的理想和抱负,但他能脚踏实地的把眼前的事情做好,这就是他的出众之所在。他做的都是一些普通事,再平常不过的小事儿,是其他人不屑一顾的事,甚至是直傻木讷的他自己都没办法用语言表达明白的事儿……对于这些事情,许三多认认真真地去做了,踏踏实实地去做了,并且是一直如此,一向如此地坚持下来了。在这种责任感的推动下,他完成了一个又一个任务,让自己向上走了一小步又一小步,终于达到了一个谁都没有想到的高度。"

"好吧,也许您是对的,但是这里面就没有幸运的成分吗?或许许三多只是比较幸运,碰到了一个力挺他还不贪功的好班长老马。平时在职场里,我们新人做的工作,还不是一样都记到了领导的名下?新人其实是很难有出头之日的。"肥猫强调。

"其实,工作就是一件小事、一件小事的堆积和汇总,如果能够坚持负责任地把将每一件小事都做好,工作也就自然做好了。马云、张朝阳、牛根生,甚至比尔·盖茨都有过'一生只做一件事'的说法。也许确实如你所说,《士兵突击》在上映之后,许多人都在讨论许三多与精英的对立问题,但其实从成功的

方式来说,许三多在客观上走的正是这种精英式的成功之路。"影得先生又调出一段视频,"如果你体会还不深刻,我们再来看看下面这个事例。"

　　七连改编,只剩下高城和许三多两个人看守物资。连全团最牛的"装甲小老虎"、一贯暴烈如火、爽朗如风的高城,也彻底崩溃了。他把所有委屈和愤怒,一股脑发泄到历来最看不顺眼的许三多身上:七连是个人,就站在这!比这房子高,比那树还高！……伤痕累累，可从来就没倒，所以它叫钢，钢铁的意志钢铁汉！……现在，倒了。钢熔了，铁也化了！今天——五十七年连史的最后一天，而你，你他妈的还在想清洁！"高城一脚踢飞了垃圾桶，对面无表情、站成标准军姿的许三多怒吼着："你就是我的地狱！"然后，拂袖而去。

面对莫名的羞辱、责骂和挑衅，许三多的反应是扶起垃圾桶、拿起扫把，一如既往地贯彻执行钢七连的卫生管理条例。

以后的日子里，许三多还是像往常一样鲜发一言，却执拗地遵守着出操队列练习、搞卫生打热水、熄灯条例，还有那让高城再次崩溃的"二人成排三人成列"。终于，消沉的高城也逐渐被许三多带动，在食堂门口和许三多一起吼出嘹亮的军歌，仅凭两个人挑了整整一个六连。

然后，高城调走了，只剩下许三多奉命独自一人看守营房。他依然是到每天早上按时出操跑步、整理内务、熄灯休息……一切都按照标准，不折不扣地完成。用行动兑现着当初他给高城的回答或是承诺："报告连长，钢七连的队列还没有解散！"

"许三多对着不同的人，说着类似的话，传达的是同一个信念——好好活就是做有意义的事，做有意义的事就是好好活着。看上去有点类似于许三多式的绕口令，但许三多确实就一路这么照着做下来了，并且无往而不利。这就是坚持的力量。"影得先生说，"正是这个信念，促使许三多每天几乎是无意识地坚持着军事训练，使自己的体能、负重、耐力一直都保持在最佳状态。事实上，他的努力并没有白费，在接下来的加入老A的选拔中，他一直坚持的军事训练显露出了效果，他凭着出众的体能和意志坚持到了最后，成为被录取的三个人中的一个。如果没有当初的这份坚持，结果也许就完全是另一个样子了。"

"其实，这也就是在印证俞敏洪的那段关于水和成功的话——'当你发现时机不到的时候，把自己的厚度给积累起来；当有一天时机来临的时候，你就能奔腾入海，成就自己的生命'。在职场中，每个人都会遇到类似的黑暗期，有可能是因为一次工作调动，有可能是因为一次企划案的失败，也有可能是因为一位和你不那么对路的领导，于是每次走进办公区的时候，感觉天都是灰的，恨不得找块砖头把自己当场拍晕一了百了……但你有没有想过，面对挫折的时候，我们能不能也移植一下许三多的信念，把个人的荣辱放在一边，先为自己的生命找一个意义？也许有了这样的信念之后，黑暗期就会成为我们的积累期。坚持下来，不管你坚持的内容在眼下看来是多么的细小和无力，只要坚持下来，你所做的每一件事情，都会积累成以后的发展能量。也许，最终结果会大大超出你的期待。"

"世间最容易的事是坚持,最难的事也是坚持。说它容易,是因为只要愿意做,人人都能做到;说它难,是因为这其中的乏味和寂寞让太多人中途却步,所以真正能做到底的人是极少数。"肥猫的语气中已经不再有那么多的抵触,反而更多的是感慨。

"没错,这确实是一条看上去最为难走的路。也正是因为这个原因,许三多所做的事情,经常被周围人看作是笨拙和可笑的。有趣的是,假如从最终的结果来看,他似乎又比常人聪明得多。他一直坚持的那套傻傻的'有意义'理论,也许就是他真正超出别人的聪明之处。大音稀声,大象无形,大智若愚。"影得先生静静地说。

"谁知道呢？坚持，有时候也许确实是一条捷径。至少，不用承受目标带来的压力，只是默默做好手头的事情就够了，如果单是看快乐指数，恐怕要比那些因为胸怀大志而苦闷的同学舒服多了。"肥猫半开玩笑地说。

影得先生点点头，又放了另外一段视频。

经历了惨绝人寰的老A选拔，伍六一、许三多和成才三个人，体能和精神都已经达到了崩溃的极限。就在距离成功只有区区几百米的时候，伍六一的韧带拉断了。当看到第一个名额被占掉，一路叫嚣着"三个老乡、三个老A、三个老铁"的成才，在短暂的惊愕之后，还是抛下伍六一向目标车奔去。只有许三多，以他惯有的惊人倔强背起伍六一，继续艰难地前行。袁朗藏在墨镜后面的脸，因为激动而微微颤抖，他回过头，瞟了一眼靠在车上大口喘息的成才。

"其实我觉得，成才最后的选择未必有多错。他只是很现实、也很理智，就像他事后说的，那个情况下，即使伍六一被背到终点，也会因为腿伤和名额问题被刷下来。"肥猫说。

"你说得对，太现实的东西注定是不可爱的。职场就是一个现实的地方，所以你一开始也对它有些莫名其妙的抵触情绪，不是吗？"影得先生接着说，"其实，我们没有必要谴责成才这样的行为，因为在等同于生意场的职场中，他的做法是比较常见的，而且是无可厚非的。我们之所以会觉得成才在这个情节中很不可爱，不里因为他的现实，而是因为他之前一直在说的'三个老乡、三个老A、三个老铁'，和他后来的行为构成了太大的反差，让人觉得他很虚伪。"影得先生说，"在职场，你可以不轻易付出感情，但是你的感情一定要真实。虚伪的人是很难被信赖的。"

影得先生停顿了一下，继续说："还有，袁朗评价成才的那句话很能说明问题——'你心里只有你自己，没有别人，这样的人，我们不敢和他一起上战场。'肥猫，你可以设想一下，如果你是一个公司的老大，你会乐意重用心里只有自己的下属吗？如果你是某个团队的一员，你会信任心里只有自己的同伴吗？人同此心，心同此理。职场的确不是温情脉脉的游乐园，但是江湖中同样需要真诚和信任，就像其他任何地方一样。"

奋斗在职场

职场险恶
需要真诚

小贴士 "三多"精神

- 多务实，少空谈；
- 多真情，少虚伪；
- 多坚持，少放弃。

"肥猫，刚才听过我一路跳槽的轨迹之后，你有什么感觉?"影得先生突然意有所指地问。

"嗫!太牛了!每一步都目标明确、收获巨大,简直就是传说中的'小李飞刀例不虚发'啊!"肥猫由衷地说。

"曾经,我也这么以为过。"影得先生的笑里,突然揉进一点自嘲的苦涩。

"不是吧?……您都这么强大了,还不满足?您是不是对自己要求太高了?"肥猫一脸的难以置信。

影得先生摇摇头:"说出来你可能不信,我夫人对我职场20年的评价是北方的俗语'肠子都快悔青了',意思是后悔到了令人发指的程度。她认为我像一个拼命追赶多只猎物的勤奋猎人,眼看一只触手可及了,一闪念又去追别的了。回头一看,当年追的那只小兔子已经长成了大肥猪。我觉得,这个评价实在精辟到了极致……当年我追捕过一只小白兔,如果我坚持下来的话,现在它对我的回报可能已经超过2000万元了。但是当时我放弃了,所以这一切都不属于我,包括那2000万元……那只已经长成大肥猪的小白兔就叫金山公司。"

"我曾经是金山公司第一任人力资源经理,是当年的老板和同事极力挽留而却执意寻求更大'钱途'的离职经理人之一……2007年10月8日上午,我接到金山副总裁杨桓的电话。他说,'告诉你一个好消息,明天金山将在香港上市,雷总(金山公司总裁雷军）特别嘱咐我给为金山发展做出过突出贡献、现已离开公司的老职工打个电话报喜，公司特别为大家订做了金表，你看我给你寄到哪？'2007年10月9日早晨9点，金山公司在香港联交所上市，开盘3.9港元，收报5港元。"

肥猫静静地听着。

"2007年10月金山庆功会后的第二天，接到一位在金山服务了8年员工的电话：'胡总，好久没联系了，嘿嘿嘿（听得出来是那种开心到无法抑制的傻笑）。你认识人多，帮忙问问北京学院路附近一二百平方米的房子是个什么行情？'……你可以想象我当时什么感觉吗？绝对是百味杂陈！当天晚上，我偷偷从自己的箱子最底层翻出来当年在金山拿到的期权证书，傻乎乎地看着那些数字，草草估算起来也应该值个2000万元吧，如果我当年不曾离去的话。"

"我明白您的意思了。"肥猫思索了一会儿，点点头说，"但是，如果换作是我，应该也会和您做一样的选择……金山上市用了19年，这19年里面存在着太多的变数。其实有时候我们这些新人也会想，在一个公司努力做上许多年，成为元老，将来这个公司辉煌了，我们也能跟着一起辉煌。但现在经营不了几年就破产的公司满大街都是，谁还敢轻易拿手头这份工作赌明天？像金山那样经得住考验的公司早就狼多肉少了，让我赶上的可能性比哈雷彗星撞地球的几率还低……其实不是我们这代人忠诚度差，天天想跳槽，我们只是想把能够拿到的东西先攥进手里，这又何尝不是一种无奈呢？"

"你说的很实在。我曾经也确实这么想过。"影得先生喝了一口咖啡，接着说，"但是在职场经历了这么多之后，我总会想起，四年前的那个晚上，雷总第二次劝我回金山时说过的一段话。'很多聪明人都跑到中关村来，结果大多数人并没有发财。为什么？因为他们没有耐性。在黄庄路口（据说上帝每天都在那里不停地往下扔馅饼），等着天上掉下的馅饼正好砸在自己脑袋上的人，往往是等了一两天，就不再等了，转头去了下一个路口。而此时馅饼掉了下来，但是已经没他的份儿了，再想回头也晚了。金山属于有耐心等待的那种公司，所以我们一定能接到这个馅饼。'说完这些之后，雷总说了句让我到现在还由衷信服的话——'付出了，不一定有回报；但是不断地付出，一定会有回报！'"

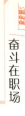

肥猫，最后我要说
付出了，不一定有回报
但不断地付出，一定有回报！

"我同意您的说法，坚持很重要。但是，如果不分青红皂白地坚持每件事，岂不是会把自己弄得很疲惫？再说，哪来那么多精力和动力呢？"肥猫又问。

"你说得没错。"影得先生赞同地点点头，"在物欲横流的今天，要坚持，还必须学会取舍。要用辩证的观点正确地看待坚持与放弃。坚持不是固执，放弃也不意味着就是失败，因为有舍才有得！但是，朝秦暮楚的人是难以成功的……我们之所以要强调坚持，是因为现在很多人已经太过擅长于放弃了。前面已经说过，炒掉老板是很容易的，把老板搞定是很难的；换一份工作是很容易的，把眼前这份工作做好是很难的。要想在职场中成就自己,当然要学会'放得下',但是在'放下'之前,总要先'拿得起'才行。"

"我明白了!"肥猫的笑容里尽是前所未有的欢快,"谢谢您告诉我这么多。我想,我知道自己应该怎么做了。"

影得先生欣慰地点点头:"我很高兴你坚持听完了这四次讲解,并且觉得有所收获。现在,我已经没有什么可教你的了。希望你能用好这些技巧,为自己探索出一条职场自我成就的路径。祝你好运!肥猫!"